EVERYDAY VOCABULARY

ENGLISH–HINDI

MORE THAN
6100
WORDS

सर्वाधिक प्रयोग में आने वाले ENGLISH WORDS
का सटीक PRONUNCIATION एवं अर्थ

EVERYDAY VOCABULARY

ENGLISH–HINDI

MORE THAN 6100 WORDS

सर्वाधिक प्रयोग में आने वाले **ENGLISH WORDS** का सटीक **PRONUNCIATION** एवं अर्थ

KUMKUM GUPTA

ARIHANT PUBLICATIONS (INDIA) LTD

ARIHANT PUBLICATIONS (INDIA) LTD

卐 ***Administrative & Production Offices***

Regd. Office 'Ramchhaya' 4577/15, Agarwal Road, Darya Ganj, New Delhi -110002
Tele: 011- 47630600, 43518550; Fax: 011- 23280316

Head Office Kalindi, TP Nagar, Meerut (UP) - 250002
Tel: 0121-2401479, 2512970, 4004199; Fax: 0121-2401648

卐 ***Sales & Support Offices***

Agra, Ahmedabad, Bengaluru, Bhubaneswar, Bareilly, Chennai, Delhi, Guwahati, Haldwani, Hyderabad, Jaipur, Jhansi, Kolkata, Kota, Lucknow, Meerut, Nagpur & Pune

卐 ***ISBN*** 978-93-5094-482-0

卐 ***Price*** ₹ 75.00

PO No. : TXT-59-T070948-5-26

Typeset by Arihant DTP Unit at Meerut
Printed & Bound by Arihant Publications (I) Ltd. (Press Unit)

For further information about the products from Arihant,
log on to www.arihantbooks.com or email to info@arihantbooks.com

PREFACE

अंग्रेजी भाषा में किसी भी प्रकार के लेखन या बोलने हेतु सर्वप्रथम आवश्यकता है, आपके द्वारा प्रयुक्त हिन्दी शब्दों के समरूप अंग्रेजी शब्दों को समुचित जानकारी का होना अधिकांश छात्रों की Vocabulary बहुत Poor होती है। वे उचित Vocabulary के अभाव में अंग्रेजी भाषा में किसी भी विषय पर लिखते या बोलते समय बहुत परेशानी का अनुभव करते हैं, बार–बार अटकते हैं या Vocabulary के अभाव में अपने भावों को सही रूप से व्यक्त नहीं कर पाते हैं।

Good Vocabulary
Strengthens Your Writing and Speaking Skill

यह माना गया है कि सामान्य लेखन एवं आपसी वार्तालाप हेतु अंग्रेजी भाषा के लगभग 3000 शब्दों की जानकारी की आवश्यकता होती है। इस Book में 6100 से अधिक ऐसे शब्दों का समावेश है, जो दैनिक जीवन में सामान्य लेखन एवं वार्तालाप में काम आते हैं। इस बुक में 'सही उच्चारण का महत्त्व' एवं 'शब्दों का सही उच्चारण कैसे करें?' हेतु भी तरीके बताए गए हैं।

मुझे आशा है कि यह संक्षिप्त शब्दकोष आपकी Writing and Speaking Skill में improvement करने में निश्चित रूप से मददगार होगा।

Smt Kumkum Gupta
129-South West Block, Alwar (Rajasthan)

CONTENTS

English Alphabet and Ordinals

अंग्रेजी अक्षरों के Pronuciations को अच्छी तरह से समझने के लिए नीचे लिखे हुए शब्दों का ध्यानपूर्वक पढ़ो।

A (ए), B (बी), C (सी), D (डी), E (इ), F (एफ), G (जी), H (एच), I (आई), J (जे), K (के), L (एल), M (एम), N (एन), O (ओ), P (पी), Q (क्यू), R (आर), S (एस), T (टी), U (यू), V (वी), W (डब्ल्यू), X (एक्स), Y (वाई), Z (जैड),

Ordinals

English		Pronunciation	Meaning	
1.	First	*फर्स्ट*	१.	पहला
2.	Second	*सैकण्ड*	२.	दूसरा
3.	Third	*थर्ड*	३.	तीसरा
4.	Fourth	*फोर्थ*	४.	चौथा
5.	Fifth	*फिफ्थ*	५.	पाँचवाँ
6.	Sixth	*सिक्स्थ*	६.	छठा
7.	Seventh	*सेवन्थ*	७.	सातवाँ
8.	Eighth	*एट्थ*	८.	आठवाँ
9.	Ninth	*नाइन्थ*	९.	नौवाँ
10.	Tenth	*टैन्थ*	१०.	दसवाँ

Numerals

English		Pronunciation	Meaning	
1.	One	*वन*	१.	एक
2.	Two	*टू*	२.	दो
3.	Three	*थ्री*	३.	तीन
4.	Four	*फोर*	४.	चार
5.	Five	*फाइव*	५.	पाँच
6.	Six	*सिक्स*	६.	छः
7.	Seven	*सैवन*	७.	सात
8.	Eight	*ऐट*	८.	आठ

	English	Pronunciation	Meaning
9.	Nine	नाइन	९. नौ
10.	Ten	टैन	१०. दस
11.	Eleven	इलैवन	११. ग्यारह
12.	Twelve	ट्वैल्व	१२. बारह
13.	Thirteen	थर्टीन	१३. तेरह
14.	Fourteen	फोर्टीन	१४. चौदह
15.	Fifteen	फिफ्टीन	१५. पन्द्रह
16.	Sixteen	सिक्सटीन	१६. सोलह
17.	Seventeen	सैवनटीन	१७. सत्रह
18.	Eighteen	एटीन	१८. अट्ठारह
19.	Nineteen	नाइनटीन	१९. उन्नीस
20.	Twenty	ट्वैन्टी	२०. बीस
21.	Twenty one	ट्वैन्टी वन	२१. इक्कीस
22.	Twenty two	ट्वैन्टी टू	२२. बाईस
23.	Twenty three	ट्वैन्टी थ्री	२३. तेईस
24.	Twenty four	ट्वैन्टी फोर	२४. चोबीस
25.	Twenty five	ट्वैन्टी फाइव	२५. पच्चीस
26.	Twenty six	ट्वैन्टी सिक्स	२६. छब्बीस
27.	Twenty seven	ट्वैन्टी सैवन	२७. सत्ताईस
28.	Twenty eight	ट्वैन्टी एट	२८. अट्ठाईस
29.	Twenty nine	ट्वैन्टी नाइन	२९. उनतीस
30.	Thirty	थर्टी	३०. तीस
31.	Thirty one	थर्टी वन	३१. इकतीस
32.	Thirty two	थर्टी टू	३२. बत्तीस
33.	Thirty three	थर्टी थ्री	३३. तैंतीस
34.	Thirty four	थर्टी फोर	३४. चौंतीस
35.	Thirty five	थर्टी फाइव	३५. पेंतीस
36.	Thirty six	थर्टी सिक्स	३६. छत्तीस
37.	Thirty seven	थर्टी सैवन	३७. सैंतीस
38.	Thirty eight	थर्टी एट	३८. अड़तीस
39.	Thirty nine	थर्टी नाइन	३९. उनतालीस
40.	Forty	फॉर्टी	४०. चालीस
41.	Forty one	फॉर्टी वन	४१. इकतालीस
42.	Forty two	फॉर्टी टू	४२. बयालीस
43.	Forty three	फॉर्टी थ्री	४३. तेंतालीस
44.	Forty four	फॉर्टी फोर	४४. चवालीस

	English	Pronunciation	Meaning	
45.	Forty five	फॉर्टी फाइव	४५.	पैंतालीस
46.	Forty six	फॉर्टी सिक्स	४६.	छियालीस
47.	Forty seven	फॉर्टी सैवन	४७.	सैंतालीस
48.	Forty eight	फॉर्टी एट	४८.	अड़तालीस
49.	Forty nine	फॉर्टी नाइन	४९.	उनचास
50.	Fifty	फिफ्टी	५०.	पचास
51.	Fifty one	फिफ्टी वन	५१.	इक्यावन
52.	Fifty two	फिफ्टी टू	५२.	बावन
53.	Fifty three	फिफ्टी थ्री	५३.	तिरेपन
54.	Fifty four	फिफ्टी फोर	५४.	चौवन
55.	Fifty five	फिफ्टी फाइव	५५.	पचपन
56.	Fifty six	फिफ्टी सिक्स	५६.	छप्पन
57.	Fifty seven	फिफ्टी सैवन	५७.	सत्तावन
58.	Fifty eight	फिफ्टी एट	५८.	अट्ठावन
59.	Fifty nine	फिफ्टी नाइन	५९.	उनसठ
60.	Sixty	सिक्सटी	६०.	साठ
61.	Sixty one	सिक्सटी वन	६१.	इकसठ
62.	Sixty two	सिक्सटी टू	६२.	बासठ
63.	Sixty three	सिक्सटी थ्री	६३.	तिरेसठ
64.	Sixty four	सिक्सटी फोर	६४.	चौंसठ
65.	Sixty five	सिक्सटी फाइव	६५.	पैंसठ
66.	Sixty six	सिक्सटी सिक्स	६६.	छियासठ
67.	Sixty seven	सिक्सटी सैवन	६७.	सड़सठ
68.	Sixty eight	सिक्सटी एट	६८.	अड़सठ
69.	Sixty nine	सिक्सटी नाइन	६९.	उनहत्तर
70.	Seventy	सैवनटी	७०.	सत्तर
71.	Seventy one	सैवनटी वन	७१.	इकहत्तर
72.	Seventy two	सैवनटी टू	७२.	बहत्तर
73.	Seventy three	सैवनटी थ्री	७३.	तिहत्तर
74.	Seventy four	सैवनटी फोर	७४.	चौहत्तर
75.	Seventy five	सैवनटी फाइव	७५.	पिचहत्तर
76.	Seventy six	सैवनटी सिक्स	७६.	छिहत्तर
77.	Seventy seven	सैवनटी सैवन	७७.	सतहत्तर
78.	Seventy eight	सैवनटी एट	७८.	अठहत्तर
79.	Seventy nine	सैवनटी नाइन	७९.	उन्यासी
80.	Eighty	एटी	८०.	अस्सी

	English	Pronunciation	Meaning	
81.	Eighty one	एटी वन	८१.	इक्यासी
82.	Eighty two	एटी टू	८२.	बयासी
83.	Eighty three	एटी थ्री	८३.	तिरासी
84.	Eighty four	एटी फोर	८४.	चौरासी
85.	Eighty five	एटी फाइव	८५.	पिचासी
86.	Eighty six	एटी सिक्स	८६.	छियासी
87.	Eighty seven	एटी सैवन	८७.	सत्तासी
88.	Eighty eight	एटी एट	८८.	अट्ठासी
89.	Eighty nine	एटी नाइन	८९.	नवासी
90.	Ninety	नाइनटी	९०.	नब्बे
91.	Ninety one	नाइनटी वन	९१.	इक्यानवे
92.	Ninety two	नाइनटी टू	९२.	बानवे
93.	Ninety three	नाइनटी थ्री	९३.	तिरानवे
94.	Ninety four	नाइनटी फोर	९४.	चौरानवे
95.	Ninety five	नाइनटी फाइव	९५.	पच्चानवे
96.	Ninety six	नाइनटी सिक्स	९६.	छियानवे
97.	Ninety seven	नाइनटी सैवन	९७.	सतानवे
98.	Ninety eight	नाइनटी एट	९८.	अट्ठानवे
99.	Ninety nine	नाइनटी नाइन	९९.	निन्यानवे
100.	One hundred	वन हण्ड्रेड	१००.	एक सौ
1000.	One thousand	वन थाउजेण्ड	१०००.	एक हजार
10,000.	Ten thousand	टैन थाउजेण्ड	१०,०००.	दस हजार
100,000.	One lac	वन लैक	१००,०००.	एक लाख
10,00,000.	One million	वन मिलियन	१०,००,०००.	दस लाख
10,00,000,000	One billion	वन बिलियन	१०,००,०००,०००.	एक अरब

Words Used in Daily Routine

English	Pronunciation	Meaning
aback	अबैक	पीछे
abandon	अबैण्डन	त्यागना
abase	अबेस	अपमानित करना
abhor	अभोर	नफरत करना, घृणा करना
abode	अबोड	आवास, घर
abort	अबोर्ट	निष्फल, रद्द करना
abound	एबाउण्ड	बड़ी सख्या में

English	Pronunciation	Meaning
about	*अबाउट*	के बारे में
abroad	*एब्रॉड*	विदेश से
absent minded	*एबसेण्ट माइंडेड*	विचलित मस्तिष्क वाला
absorb	*अबजॉर्ब*	सोख लेना, समाहित कर लेना
abuse	*अब्यूज*	गाली देना, निन्दा करना
accept	*अक्सैप्ट*	स्वीकार करना
access	*अक्सैस*	प्रयोग करने का अधिकार
accompany	*अकम्पनी*	साथ जाना
accomplish	*एकम्पलिश*	पूरा करना
according to	*अकॉर्डिंग टू*	के अनुसार
accurate	*एक्यूरेट*	सही
accused	*एक्यूज्स्ड*	अपराधी
ached	*ऐक्ड*	दर्द होना
achieve	*एचीव्*	प्राप्त करना
acknowledge	*अकनॉलिज*	मानना, स्वीकार करना
activity	*एक्टीविटी*	कार्यकलाप
acquaintance	*एक्वान्टैन्स*	परिचित, जानकार
a bit	*ए बिट*	थोड़ा सा
a day off	*ए डे ऑफ*	एक दिन की छुट्टी
a loaf of bread	*ए लोफ ब्रैड*	एक रोटी का टुकड़ा
acquire	*एक्वायर*	प्राप्त करना
adage	*एडेज*	सूक्ति, कहावत
adapt	*अडैप्ट*	अनुकूल बनना, परिस्थितियों के अनुसार बदल जाना
add	*एड*	जोड़, सम्मिलित करना
addition	*एडीशन*	अतिरिक्त
address	*एड्रैस*	पता
adequate	*एडिकुएट*	पर्याप्त
adjoining	*एड्जॉइनिंग*	साथ वाला
adjourn	*एडजर्न*	स्थगित करना, टालना
adjust	*एड्जस्ट*	ठीक करना
administration	*एड्मिनिस्ट्रेशन*	प्रशासन
admire	*एड्मायर*	प्रशंसा करना
admit	*एड्मिट*	स्वीकार करना
adopt	*अडॉप्ट*	अनुकूलित करना, स्वीकार करना
advance	*अडवान्स*	आगे बढ़ना, पेशगी

English	Pronunciation	Meaning
advantage	*एडवाण्टेज*	लाभ, फायदेमन्द
adventurous	*अडवैन्चरस्*	साहसिक
advise	*अड्वाइज्*	सलाह देना
advocate	*अड्वोकेट*	अधिवक्ता
affairs	*अफेयर्स*	बातें, मामले, घटनाएँ
affect	*अफैक्ट*	प्रभावित करना
affection	*अफैक्शन*	स्नेह, प्यार
afford	*अफोर्ड*	प्रदान करना
afraid	*अफ्रेड*	भयभीत
after a while	*आफ्टर ए व्हाइल*	कुछ समय पश्चात्
afterwards	*आफ्टरवर्ड्स*	बाद में
again	*अगेन*	फिर से, दोबारा
against	*अगेंस्ट*	विरुद्ध, खिलाफ
agency	*एजेंसी*	अभिकरण
aggressively	*एग्रेसिवली*	गुस्से से, क्रोध से
agitate	*एजिटेट*	विरोध करना
agitation	*एजिटेशन*	आन्दोलन
agree	*एग्री*	सहमत
agreeable	*एग्रीएबल*	सहमति योग्य
agreement	*एग्रीमैण्ट*	सुलह, स्वीकार पत्र
agriculture	*एग्रिकल्चर*	खेती, कृषि
ahead	*अहैड*	आगे, सामने
aim	*ऐम*	निशाना, लक्ष्य
algebra	*एलजेब्रा*	बीजगणित
alert	*अलर्ट*	चेतावनी, सतर्क
alien	*एलियन*	विदेशी
alive	*अलाइव*	जीवित, जीवन्त
all the same	*ऑल द सेम*	एक समान
all	*ऑल*	सभी
allot	*अलॉट*	देना, आवंटित करना
allowance	*अलाउन्स*	भत्ता
allow	*एलाउ*	अनुमति देना
already	*ऑलरेडी*	पहले से ही, अभी तक
almonds	*ऑमन्ड्स*	बादाम
alms	*ऑम्स*	भीख
alone	*अलोन*	अकेला

English	Pronunciation	Meaning
also	*ऑल्सो*	भी
altar	*आल्टर*	वेदी
alter	*आल्टर*	परिवर्तित करना
although	*ऑलदो*	हालाँकि
always	*ऑलवेज*	हमेशा
amaze	*अमेज*	आश्चर्य करना
amazing	*अमेजिंग*	आश्चर्यजनक
ambassador	*एम्बैसडर*	राजदूत
ambition	*एम्बिशन*	महत्त्वाकांक्षा
ambitious	*एम्बीशियस*	महत्त्वाकांक्षी
amount	*अमाउण्ट*	धन, पैसा, राशि
anaesthesia	*ऐनेस्थीसिया*	संज्ञाहीनता उत्पन्न करने वाला पदार्थ
analyse	*एनालाइज*	विश्लेषण
ancestor	*एनसैस्टर*	पूर्वज
ancient	*एन्सीयेन्ट*	प्राचीन
angry	*एंग्री*	क्रोधित
announce	*अनाऊन्स*	बोलना, घोषणा करना
annoy	*ऐनॉय*	चिढ़ाना, तंग करना
annually	*एन्युली*	प्रतिवर्ष, सालाना
answer	*आन्सर*	उत्तर
antarctica	*अण्टार्कटिका*	दक्षिणी ध्रुव प्रदेश
antelope	*एन्टीलोप*	बारहसींगा
anthill	*आण्टहिल*	बाम्बी
anticipation	*एण्टीसिपेशन*	पूर्व ज्ञान
antidote	*एण्टीडोट*	प्रतिकारक, बुरे प्रभाव से बचाने वाली वस्तु
antagonist	*एन्टॉगोनिस्ट*	विरोधी
ants	*अन्ट्स*	चींटी
anxiety	*एन्जाइटी*	बैचेनी
anxious	*एंक्शस*	व्याकुल, चिन्तित
anyhow	*एनीहॉव*	किसी भी हालत में
anyone	*एनीवन*	किसी से
apart from	*अपार्ट फ्रॉम*	को अलग करके
apologize	*अपोलोजाइज्*	क्षमा माँगना
apostle	*एपौस्टल*	प्रचारक, नई दिशा देने वाला
appear	*एपियर*	प्रकट होना
appeal	*अपील*	निवेदन, आग्रह

English	Pronunciation	Meaning
applause	अप्लौज	प्रशंसा
appointment	अपॉइन्टमैण्ट	नियुक्ति
appreciate	अप्रीशियेट	सराहना करना
apprenticeship	एप्रैन्टिसशिप	प्रशिक्षुता
approach	अप्रोच	नजदीक आना
appropriate	एप्रोप्रिएट	उपयुक्त, योग्य
approval	एप्रूवल	स्वीकृति, समर्थन
apricot	एप्रिकॉट	खुबानी
architecture	आर्किटैक्चर	शिल्पकला, वास्तुशास्त्र
area	एरिया	क्षेत्र
argue	आरग्यू	तर्क देना
argument	आरग्यूमैण्ट	तर्क
arise	एराइज	उत्पन्न
armed	आर्म्ड	शस्त्रों से लैस
arm	आर्म	भुजा, बाँह
around	अराउण्ड	चारों ओर
arrange	अरैन्ज	व्यवस्था करना
arrangement	एरेंजमैण्ट	प्रबन्ध
arrest	एरैस्ट	गिरफ्तार करना
arrival	एराइवल	पहुँच
arrogance	एरोगैन्स	घमण्ड
arrow	ऐरो	तीर
art	आर्ट	कला
artery	आर्टरी	नस
article	आर्टिकल	भाग, सामग्री
artistic	आर्टिस्टिक	कलात्मक
as usual	एज यूजवल	हमेशा की तरह
ashamed	अशेम्ड	शर्मिन्दा, लज्जित
aside	असाईड	पृथक्, एक ओर
ask	आस्क	कहना, पूछना
aspect	ऐसपैक्ट	पहलू
assault	एसॉल्ट	हमला
assignment	असाइनमैण्ट	निर्धारित कार्य
assist	असिस्ट	सहयोग देना
assistant	असिसटैण्ट	सहायक
associate	ऐसोसियेट	मिलना, समागम करना

English	Pronunciation	Meaning
association	एसोसियेशन	संगठन
assume	अज्यूम	मानना, कल्पना करना
assure	एश्योर	विश्वास दिलाना, आश्वस्त करना
astonishment	एस्टोनिश्मैण्ट	आश्चर्य
astrologer	एस्ट्रोलोजर	ज्योतिष शास्त्री
astronomy	एस्ट्रोनॉमी	ज्योतिष विज्ञान
at last	एट लास्ट	अन्त में
at once	एट वन्स	तुरन्त
ate	ऐट	खाया
athletic	एथलेटिक	मजबूत, हट्टा-कट्टा
atmosphere	एटमॉस्फिअर	वातावरण
attain	अटेन	उपलब्धि प्राप्त करना
attempt	अटैम्पट	प्रयास करना
attend	अटैन्ड	उपस्थित होना
attention	अटैंशन	ध्यान
attitude	एटीट्यूड	व्यवहार
attract	एट्रैक्ट	आकर्षित करना
attraction	अट्रैक्शन	आकर्षण
attribute	ऐट्रिब्यूट	श्रेय देना
audible	ऑडिबल	सुनने योग्य
audience	ऑडियेंस	श्रोता
auspicious	ऑस्पिशियस	शुभमंगल
authoritative	ऑथोरिटेटिव	आधिकारिक, प्रमाणिक
authority	ऑथोरिटी	अधिकारी
automatic	ऑटोमेटिक	स्वचालित, अपने आप
available	अवैलेबल	प्राप्य, उपलब्ध
average	एवरेज	औसत, सामान्य
avert	एवर्ट	होने से रोकना
avid	एविड	उत्सुक
avoid	अवॉइड	उपेक्षा करना
awake	अवेक	चेतन
award	अवार्ड	इनाम
aware	अवेअर	जानकार
away	अवे	दूर
awe	ऑव	भय
awfully	ऑवफुली	अत्याधिक

English	Pronunciation	Meaning
awkward	*ऑकवर्ड*	भद्दा
axis	*ऐक्सिस*	धुरी, कक्षा
back	*बैक*	वापिस, पीठ
backyard	*बैकयार्ड*	घर के पीछे का आँगन
bad tempered	*बैड टैम्पर्ड*	गुस्से में, गुस्सेल
bade	*बेड*	कहना
balance	*बैलैंस*	सन्तुलन
ban	*बैन*	प्रतिबन्ध लगाना, पाबन्दी लागू कर देना
bane	*बेन*	विपत्ति, फटकार
barren	*बैरन*	बंजर, बाँझ
barrier	*बैरियर*	अवरोध, रोक
barrister	*बैरिस्टर*	वकील
baseness	*बेसनेस*	कमीनापन
bashful	*बैश्फल*	लज्जाशील, संकोची
be calm	*बी काम*	शान्त रहो
beak	*बीक*	चोंच
bear	*बेयर*	सहन करना
beast	*बीस्ट*	जानवर
become	*बिकम*	होना
bed cover	*बैड कवर*	चादर
bedding	*बैडिंग*	बिस्तर
befitting	*बिफिटिंग*	योग्य, अनुरूप
before	*बिफोर*	सामने
began	*बिगैन*	प्रारम्भ किया
beg	*बैग*	निवेदन करना, भीख माँगना
beggers	*बैगर्स*	भिखारी
behind bars	*बिहाइण्ड बार्स*	सलाखों के पीछे
belief	*बिलीफ*	विश्वास
belong	*बिलौंग*	स्वामित्व होना
below	*बिलो*	नीचे
bending	*बिन्डिंग*	मुड़ते हुए
benefit	*बेनॅफिट*	लाभ
bereave	*बिरीव*	विनाश करना
beside	*बिसाइड*	पास में
besides	*बिसाइड्स*	इसके अलावा
best known	*बेस्टो*	सर्वाधिक प्रसिद्ध

English	Pronunciation	Meaning
bestow	*बेस्टो*	प्रतिपादन देना
betrayal	*बिट्रायल*	विश्वसघात
better off	*बैटर ऑफ*	धनी, सम्पन्न
bid	*बिड*	बोली लगाना
biggest	*बिगैस्ट*	सबसे बड़ा
bile	*बाइल*	पित्त
biography	*बायोग्राफी*	जीवनी
bit	*बिट*	अंश
bite	*बाईट*	अन्न
bitter	*बिटर*	कड़वा
black deer	*ब्लैक डियर*	काला हिरण
blade	*ब्लेड*	पत्ती
blame	*ब्लेम*	दोष
blessing	*ब्लैसिंग*	आशीर्वाद देना, धन्य-धन्य कहना
blinds	*ब्लाइंड्स*	खिड़की का पर्दा जो लुढ़ाकाकर खोला जाता है
bliss	*ब्लिस*	आनन्द
block	*ब्लॉक*	जाम होना
blossom	*ब्लोसॉम*	विकसित होना, खिलना
blow	*ब्लो*	प्रहार
Bluff	*ब्लफ*	दिखावा
boar	*बौर*	असभ्य, निर्दयी
bodyguard	*बॉडी गार्ड*	अंगरक्षक
bolt	*बॉल्ट*	बदले की भावना, समर्थन वापस लेना
bone	*बोन*	हड्डी
book	*बुक*	आरक्षित करना
Boon	*बून*	वरदान, उदार
bear	*बेयर*	सहन करना
boring	*बोरिंग*	कष्ट, देना, परेशान करना
borrow	*बॉरो*	उधार लेना
boast	*बोस्ट*	डींग हाँकना
bother	*बॉदर*	परवाह करना
bottom	*बॉटम*	पैंदा, तलवा
bounce	*बाउन्स*	उछलना
bind	*बाइण्ड*	बाँधना
boundless	*बाउण्डलैस*	सीमाहीन
bounds	*बाउण्ड्स*	बन्धन

English	Pronunciation	Meaning
bowing	बोइंग	झुकाते हुए
bow	बो	झुक कर अभिवादन करना
brain	ब्रेन	मस्तिष्क
branch	ब्रान्च	शाखा
brand	ब्राण्ड	व्यापारिक चिन्ह
brave	ब्रेव	बहादुर
bravo	ब्रेवो	वाह!वाह!शाबाश
break	ब्रेक	अवकाश
breathe	ब्रीद	श्वास लेना
brick	ब्रिक	ईंट
bride	ब्राइड	दुल्हन
bright	ब्राइट	चमकीला, चमकदार
bring	ब्रिंग	लाना
brisk	ब्रिस्क	तेज, फुर्तीला
broad	ब्रॉड	चौड़ा
break down	ब्रेक डाउन	रो पड़ना
break the news	ब्रेक दि न्यूज	समाचार देना
broom	ब्रूम	झाड़ू
broth	ब्रोथ	शोरबा
bring	ब्रिंग	लाना
brush	ब्रश	सहलाना
buck	बक	नर हिरण
build high hopes	बिल्ड हाई होप्स	बड़ी उम्मीद रखना
build	बिल्ड	बनाना
bullock	बुलॉक	बैल
bundle	बण्डल	गट्ठर
burden	बरडन	भार
bureaucracy	ब्यूराक्रसी	नौकरशाही, अधिकारी-वर्ग
burning coals	बर्निंग कोल्स	दहकते अंगारे
burst	बर्स्ट	फूटना
business	बिजनैस	व्यापार, व्यवसाय
buyer	बायर	खरीदने वाला
by all means	बाई ऑल मीन्स	हर तरह से
calculation	कैलकुलेशन	गणना
call	कॉल	बुलाना
calm	काम	शान्त करना

English	Pronunciation	Meaning
calf	*कॉफ*	बछड़ा
cajole	*कजोल*	फुसलाना, चापलूसी करना
calamity	*कलैमिटी*	आपदा, विपत्ति
camp	*कैम्प*	खेमा
candidate	*कैन्डीडेट*	प्रत्याशी
candy	*कैन्डी*	मिश्रीमावा
cantonment	*कैन्टोनमैण्ट*	छावनी
capital	*कैपिटल*	राजधानी, पूँजी
care	*केअर*	देखभाल
career	*केरियर*	भविष्य, व्यवसाय
carefree	*केयरफ्री*	चिन्तारहित
careful	*केयरफुल*	सचेत
careless	*केयरलैस*	लापरवाह
cargo	*कारगो*	सामान
carpet	*कॉरपेट*	गलीचा
carry	*कैरी*	ले जाना
cart	*कार्ट*	बिना ईंधन की गाड़ी
case	*केस*	मुकदमा, मामला
cast around	*कास्ट एराउण्ड*	चारों ओर नजर डालना, पासा फेंकना, निर्देश
caste	*कास्ट*	वर्ण, जाति
casually	*केजुअली*	आकस्मिक रूप से
catalogue	*कैटलॉग*	सूचीपत्र
cataract	*कैटेरैक्ट*	मोतियाबिन्द
catch	*कैच*	पकड़ना
cause	*कॉज*	कारण
cave	*केव*	गुफा
cavity	*कैविटी*	छेद, गुहिका, विवर
cease	*सीज*	रुकना, बन्द होना
ceiling	*सीलिंग*	छत भीतरी
celebrate	*सैलीब्रेट*	प्रसिद्ध होना, उत्सव मनाना
celebration	*सैलेब्रेशन*	उत्सव
cell	*सैल*	कोशिका
central India	*सैण्ट्रल इण्डिया*	मध्य भारत
centred	*सैण्टर्ड*	केन्द्रित
ceremony	*सैरेमनी*	उत्सव
certainly	*सरटैनली*	निश्चित रूप से

English	Pronunciation	Meaning
challenging	चैलेन्जिंग	चुनौतीपूर्ण
chamber	चैम्बर	प्रकोष्ठ
chance	चान्स	अवसर
change	चेन्ज	बदल जाना
character	करैक्टर	चरित्र
charge	चार्ज	हमला करना, आरोप लगाना
chariot	चैरिअट	रथ
charm	चार्म	मन मोह लेना, जादू कर देना
chase	चेज	पीछा करना
cheap	चीप	सस्ता
cheat	चीट	ठगा जाना, ठगना
cheek	चीक	गाल
cheer	चीयर	खुशी
cheerful	चीयरफुल	प्रसन्न
cheering	चीयरिंग	हर्षोल्लास, खुशियाँ मनाना
cherish	चेरिश	संजोना
Chief judge	चीफ जज	मुख्य न्यायाधीश
china	चाइना	चीनी मिट्‌टी
chirp	चर्प	चहकना
chivalry	शिवलरी	वीरता
choice	चॉइस	इच्छा
cholera	कॉलेरा	हैजा
choose	चूज	चुनना
circumstance	सरकमस्टान्स	परिस्थिति, दशा
circus	सर्कस	सर्कस
cite	साईट	प्रमाण देना
civil	सिविल	गैरसैनिक
civilisation	सिविलाइजेशन	सभ्यता
clad	क्लैड	कपड़े पहनना
clamour	क्लैमर	हो-हल्ला, गुहार करना
clang	क्लैग	आवाज
clasp	क्लैस्प	मजबूती से पकड़ना
classical music	क्लासिकल म्यूजिक	शास्त्रीय संगीत
clatter	क्लैक्टर	खड़खड़ करना
claw	क्लॉ	पंजा
clay	क्ले	मिट्‌टी

English	Pronunciation	Meaning
clear	*क्लीयर*	साफ करना, दूर हटाना
client	*क्लाइंट*	मुवक्किल
climate	*क्लाइमेट*	जलवायु
climb	*क्लाईम्ब*	चढ़ना
cling	*क्लिंग*	चिपकना, पकड़ना
close friend	*क्लोज फ्रेण्ड*	पक्का मित्र
close	*क्लोज*	पास, नजदीक
closet	*क्लोसेट*	छोटी अलमारी
clue	*क्लू*	सूत्र, सुराग, संकेत, इशारा
clutches	*क्लचेज*	शिकंजा
coal	*कोल*	कोयला
coalmine	*कोलमाइन*	कोयले की खान
cobweb	*कॉबवेब्*	मकड़ी का जाला
cockney tones	*कोकनी टोन*	टूटी-फूटी भाषा
coincidence	*को इन्सीडेन्स*	संयोग
collapse	*कॉलैप्स*	हिम्मत हारना, पतन
collection	*कलैक्शन*	संग्रह
colonize	*कॉलोनाइज*	उपनिवेश बनना, आबाद करना
coloured people	*कलर्ड पीपल*	हब्शी नीग्रो
columnist	*कॉलम्निस्ट*	कॉलम में लिखने वाले
combine	*कम्बाइन*	एक करना, मिलाना
come down	*कम डाउन*	नीचे उतरना
come out	*कम आउट*	बाहर आना
come	*कम*	आना
comfort	*कम्फर्ट*	आराम
comical	*कॉमिकल*	हास्यपूर्ण
command	*कमाण्ड*	आदेश
commence	*कॉमैन्स*	आरम्भ करना
commit	*कमिट*	करना, किसी बुरे काम का
commotion	*कमोशन*	शोरगुल
community	*कम्यूनिटी*	समुदाय
companion	*कम्पेनियन*	दोस्त, साथी
company	*कम्पनी*	संगत
compassion	*कम्पैशन*	करुणा, दया
compel	*कम्पैल*	बाध्य करना
complain	*कमप्लैन*	शिकायत

English	Pronunciation	Meaning
completely	*कम्प्लीट्ली*	पूरी तरह से
completion	*कम्प्लीशन*	समाप्ति
complexion	*कॉम्प्लैक्शन*	चेहरे या मुखड़े का रंग-रूप
compound	*कम्पाउण्ड*	सम्मिश्रण
comprehensive	*कम्प्रीहेंसिव*	समग्र
comprise	*कम्प्राइज*	समाविष्ट करना
comrade	*कामरैड*	मित्र
conceal	*कन्सील*	छिपाना
conceive	*कन्सीव*	कल्पना करना
concept	*कॉनसैप्ट*	धारणा
concerned	*कनसर्न्ड*	सम्बन्धित
conclude	*कनक्लूड*	निर्णय करना
condition	*कण्डीशन*	शर्त
conduct	*कन्डक्ट*	आचरण, व्यवहार
confess	*कनफैस*	स्वीकार करना
confident	*कॉनफिडैण्ट*	आश्वस्त
confined	*कन्फाइण्ड*	सीमित
confusion	*कनफ्यूजन*	घबराहट
congeal	*कॉनगील*	जमना
connection	*कनैक्शन*	सम्बन्धित
conquer	*कोंकर*	जीतना
conquest	*कॉनक्वैक्ट*	जीत
conscience	*कॉनशन्स*	आत्मा
consciousness	*कॉनशसनैस*	चेतनता
consent	*कन्सैन्ट*	सहमति, स्वीकृति
consequence	*कॉनसिक्वैन्स*	परिणाम
conservation	*कन्जर्वेशन*	संरक्षण
conservative	*कन्जर्वेटिव*	परिवर्तन के विरोधी
consider	*कन्सीडर*	विचार करना, मानना
consist	*कन्सिस्ट*	शामिल होना
console	*कन्सोल*	सान्त्वना देना
constable	*कॉन्सटेबल*	सिपाही
constantly	*कॉन्सटैण्टली*	निरन्तर रूप से
constitution	*कॉन्सटिट्यूशन*	संविधान
constructive	*कंस्ट्रक्टिव*	रचनात्मक
consult	*कन्सल्ट*	परामर्श करना

English	Pronunciation	Meaning
consume	*कंज्युम*	नष्ट करना
contact	*कॉन्टैक्ट*	सम्बन्ध
contain	*कन्टेन*	रखना
contaminate	*कन्टैमिनेट*	प्रदूषित करना
content	*कन्टैन्ट*	सन्तुष्ट
continue	*कन्टीन्यु*	जारी रहना
contract	*कॉन्ट्रैक्ट*	अनुबन्ध
contribution	*कॉन्ट्रीब्यूशन*	देन, योगदान
contributor	*कॉन्ट्रीब्यूटर*	हिस्सेदार
control	*कंट्रोल*	नियन्त्रण
convenience	*कन्वीनिअन्स*	सहूलियत, सुविधाएँ
conversation	*कनवर्सेशन*	बातचीत
conviction	*कनविक्शन*	दोष सिद्धि
convince	*कनविन्स*	कायल होना, विश्वास दिलाना
convincing	*कन्विंसिंग*	सन्तुष्ट करने वाला
cookery	*कुकरी*	पाक विद्या
cooperative	*कॉपरेटिव*	सहयोग, संगठन
copper	*कॉपर*	ताँबा
corn	*कॉर्न*	अनाज
corner	*कॉर्नर*	कोना
correspondence	*कॉरैसपोण्डेन्स*	पत्राचार
cot	*कॉट*	चारपाई
cottage	*कॉटेज*	मकान, कुटिया
cough	*कफ*	खाँसी
count	*काउण्ट*	गिनना
countered	*काउण्टर्ड*	दूर किया
courtesy	*कर्टसो*	विनम्रता
countless	*काउन्टलैस*	अनगिनत, असंख्य
couple	*कपल*	दो, जोड़ा
courage	*करेज*	साहस
court	*कोर्ट*	दरबार
courteous	*कर्टियस*	दयालु
courtiers	*कोरटियर्स*	दरबारीगण
courtyard	*कोर्टयार्ड*	चौक
covered	*कवर्ड*	आच्छादित, ढकी हुई
cowardice	*कॉवार्डिस*	कायरता

English	Pronunciation	Meaning
cradle	*क्रेडिल*	झूला, पालना
craft	*क्राफ्ट*	शिल्प, दस्तकारी
cranes	*क्रेन्स*	बगुले
crawl	*क्रॉल*	रेंगना
creation	*क्रियेशन*	संरचना
creativity	*क्रियेटिविटी*	रचना
creature	*क्रियेचर*	प्राणी
credit	*क्रेडिट*	लाभ
creep	*क्रीप*	रेंगना
crescendo	*क्रिसेन्डो*	धीरे-धीरे बढ़ाकर चरम पर ले जाना
cry	*क्राइ*	चिल्लाना
crime	*क्राइम*	अपराध
cringe	*क्रिन्ज*	प्रणाम करना
crisis	*क्राइसिस*	संकट, संकटावस्था
crisp	*क्रिस्प*	कलफ लगा
critical	*क्रीटीकल*	सोचनीय
crop	*क्रॉप*	फसल
crowd	*क्राउड*	भीड़
crown	*क्राउन*	मुकुट
cruel	*क्रूअल*	दुष्ट, निर्दयी
cruelty	*क्रूअल्टी*	निर्दयता
crumple	*क्रम्पल*	सिकुड़ना, मुर्झाया
crunch	*क्रन्च*	चबाना
crush	*क्रश*	कुचलना, मिटाना
crystal	*क्रिस्टल*	पारदर्शी काँच
culprit	*कलप्रिट*	अपराधी
cultivate	*कल्टीवेट*	विकसित करना
cultivator	*कल्टीवेटर*	किसान, अनाज उत्पन्न करने वाला
cultural	*कल्चरल*	सांस्कृतिक
cunning	*कनिंग*	चालाक
cupboard door	*कपबोर्ड डोर*	अलमारी का दरवाजा
cure	*क्योर*	इलाज करना
curious	*क्यूरिस*	जिज्ञासा
curl	*कर्ल*	लपेटना
curly	*कर्ली*	घुँघराले
curse	*कर्स*	अभिशाप

English	Pronunciation	Meaning
curtain	*करटेन*	पर्दा
custom	*कस्टम*	रिवाज, प्रथा
dance	*डांस*	नाचना
dangerous	*डेंजरस*	खतरनाक
dare	*डेयर*	साहस
dark	*डार्क*	अन्धेरा
dashed out	*डैश्ड् आउट*	टकराया
daughter-in-law	*डॉक्टर इन ला*	बहू, पुत्रवधू
daunted	*डॉन्टिड*	चुनौती
dawn	*डॉन*	शुरूआत से ही
daze	*डेज*	हक्का-बक्का हो जाना
dead	*डैड*	मरा हुआ
deal with	*डील विद*	के बारे में होना, पर विचार करना
dealer	*डीलर*	खरीदने-बेचने वाला
dear	*डियर*	प्यारा
dearly	*डियरली*	अतिप्रियता
debt	*डैट*	ऋण, उधार
decade	*डिकेड*	दशक
decay	*डिके*	सड़ जाना, क्षय होना, क्षीण होना
deception	*डिसैप्शन*	शंकित
decide	*डिसाइड*	निर्णय करना
decision	*डिसीजन*	निर्णय
deck	*डैक*	जहाज
decline	*डिक्लाइन*	इनकार करना
decorum	*डेकोरम*	शिष्टाचार
decrease	*डिक्रीज*	घट जाना
dedicate	*डैडिकेट*	समर्पित करना
deduce	*डिड्यूस*	परिणाम निकालना
deed	*डीड*	कार्य
defame	*डिफ़ेम*	बदनाम करना
defence	*डिफैन्स*	आक्रमण से रक्षा
defiance	*डिफायन्स*	अवज्ञा
definition	*डैफिनिशन*	परिभाषा
definite	*डेफीनिट*	निश्चित
deforesation	*डिफॉरेस्टशन*	जंगलों को काट डालना
degradation	*डिग्रेडेशन*	मानहानि, दर्जा घटना

English	Pronunciation	Meaning
deity	*डेइटी*	देवता
delegate	*डैलीगेट*	प्रतिनिधि
delicious	*डिलिशस*	स्वादिष्ट
diligent	*डिलिजण्ट*	लगन वाला, मेहनती
delight	*डिलाइट*	प्रसन्नता
deliver	*डिलिवर*	देना
democracy	*डैमोक्रैसी*	लोकतन्त्र
demoralise	*डिमॉरेलाइज*	हौंसला गिरना, मनोबल गिरना
denomination	*डिनोमिनेशन*	मूल्यवर्ग
dentist	*डेंटिस्ट*	दाँतों का डॉक्टर
depart	*डिपार्ट*	विछोह
departure	*डिपार्चर*	गमन
depend	*डिपैण्ड*	निर्भर
deplorable	*डिप्लोरेबिल*	निन्दनीय, बुरा
deposit	*डिपॉजिट*	जमा करना
deport	*डिपोर्ट*	देश निकाला, निर्वासित करना
derby	*डर्बी*	घुड़दौड़ का स्टेडियम इंग्लैण्ड में
derive	*डिराइव*	लिया जाना
descend	*डिसैण्ड*	नीचे उतरना
descendant	*डिसैन्डैण्ट*	वंशज
desended	*डिसैन्डिड*	वंशज होना, से उत्पन्न होना
describe	*डैसक्राइब*	वर्णन करना
description	*डैस्क्रिप्शन*	वर्णन
desert	*डैजर्ट*	सुनसान, त्यागना
desire	*डिजायर*	इच्छा, आकांक्षा
desk	*डैस्क*	बैठने का स्टूल
despair	*डैस्पेयर*	निराशा
desperate	*डैस्पैरेट*	निराशाजनक, मायूस
despite	*डैस्पाईट*	इसके अलावा
detach	*डिटैच*	अलग या पृथक् करना
determine	*डिटरमाईन*	निश्चय करना
develop	*डैवेलप*	विकसित करना
development	*डैवलपमैण्ट*	विकास
devote	*डिवोट*	लगाना
devotion	*डिवोशन*	धर्मनिष्ठ, भक्ति
dialect	*डायलेक्ट*	स्थानीय बोली भाषा

English	Pronunciation	Meaning
diamond	*डायमण्ड*	हीरा
dictate	*डिक्टेट*	लिखाना, आज्ञा देना
dictation	*डिक्टेशन*	आदेश, लिखवाई
dictionary	*डिक्शनरी*	शब्दकोष
dig	*डिग*	खोदना
digestion	*डाईजैसन*	हाजमा, पाचन
dignity	*डिगनिटी*	शान
dilated	*डाईलेटिड*	फैले हुए
diligent	*डिलीजेन्ट*	परिश्रमी, एकाग्रचित्त
dip	*डिप*	डुबोना
dirt	*डर्ट*	धूल
disability	*डिसेबिलिटी*	अक्षमता
disabled	*डिसएबल्ड*	असक्षम
disappear	*डिसअपीयर*	विलुप्त होना
disappoint	*डिसअपॉइण्ट*	निराश करना
disater	*डिजास्टर*	अकस्मात होने वाला विनाश
disbelief	*डिसबिलीफ*	अविश्वास
disciple	*डिसाईपल*	अनुयायी, शिष्य
discipline	*डिसीप्लिन*	अनुशासन
discomfort	*डिस्कम्फर्ट*	कष्ट
discover	*डिसकवर*	खोजना
discussion	*डिसकशन*	वाद-विवाद, वार्तालाप
disease	*डिजीज*	रोग
disfiguring	*डिसफिगरिंग*	सौन्दर्य नष्ट करने वाली, कुरूप बनाने वाली
disgrace	*डिसग्रेस*	अनादर
disgusting	*डिसगास्टिंग*	घृणास्पद
discharge	*डिसचार्ज*	छोड़ देना, मुक्त करना
dismiss	*डिसमिस*	बर्खास्त कर देना
dismount	*डिसमाउण्ट*	घोड़े से नीचे उतरना
disobey	*डिसऑबे*	आज्ञा का पालन नहीं करना या मना करना
dispel	*डिस्पैल*	छिन्न-भिन्न करना, भाग देना
dispensing with	*डिस्पैन्सिंग विद*	किसी चीज के बिना काम चला लेना
disperse	*डिसपर्स*	तितर-बितर होना
display	*डिसप्ले*	दिखना
displeasure	*डिसप्लेजर*	नाखुशी, अप्रसन्नता
disposal	*डिस्पॉजल*	छुटकारा पाना, निपटाना

English	Pronunciation	Meaning
dispute	डिस्प्यूट	झगड़ा
disregard	डिस्रिगार्ड	अपमान
distance	डिसटैंस	दूरी
distinguish	डिसटिंग्विश	भेद करना, अन्तर बताना
destiny	डैस्टिनी	भाग्य
distort	डिस्टॉर्ट	विकृत करना
distress	डिस्ट्रैस	निराश
district	डिस्ट्रिक्ट	जिला
disturb	डिस्र्टब	विचलित, सताना
diversity	डाइवर्सिटी	भिन्नता
dizzy	डिजी	चक्कर आना
document	डॉकुमैण्ट	दस्तावेज
domain	डोमेन	साम्राज्य
dome	डोम	गुम्बद
domestic	डॉमेस्टिक	घरेलू
dominion	डॉमीनयन	अधिकार क्षेत्र
door steps	डोर स्टैप्स	दरवाजे की पैड़ी
dormitory	डॉरमिटरी	कई बिस्तरों वाला लम्बा शयनागार
double	डबल	दोगुना
doubt	डाउट	सन्देह
down stair	डाउन स्टेयर	सीढ़ियों के नीचे
downtrodden	डाउन ट्रोडन	गरीब (दबे हुए)
dowry	डॉवरी	दहेज
drain	ड्रेन	नाली
drainage	ड्रेनेज	जल निकास
dramatic	ड्रैमेटिक	नाटकीय
dreadful	ड्रेडफुल	भयानक
drag	ड्रैग	घसीटना
dream	ड्रीम	सपना
draw	ड्रॉ	खेंचना
dry	ड्राइ	सूखा
drop	ड्रॉप	गिरना
drive	ड्राइव	लाना, चलाना
drowsiness	ड्राउजिनैस	झपकी
due to	ड्यू टु	के कारण से
dull	डल	मन्दबुद्धि

English	Pronunciation	Meaning
duly	ड्यूली	उचित ढंग से
dump	डम्प	डालना, पटकना, ढेर लगाना
dung	डंग	गोबर
durable	ड्यूरेबल	स्थायी, टिकाऊ
during	ड्यूरिंग	के दौरान
dust	डस्ट	मिट्टी
duty	ड्यूटी	कर्त्तव्य
dynamic	डॉयनैमिक	सक्रिय, गतिशील
dynasty	डाइनेस्टी	वंश
eager	ईगर	उत्सुक
earn	अर्न	प्राप्त करना
earnings	अरनिंग्स	कमाई
ear ring	इयर रिंग	झुमका
earthenware	अर्दनवेयर	मिट्टी से बने बर्तन व अन्य सामान
ease	ईज	आराम से
echo	ईको	अनुगूँज
eclipse	एक्लिप्स	ग्रहण
economise	इकोनॉमाइज	मितव्ययता
ecstasy	एक्सटेसी	अति आनन्द
edge	ऐज	किनारा
educated	एजूकेटेड	शिक्षित
effectiveness	इफैक्टिवनैस	प्रभावकारिता
effigy	एफिजी	पुतला
effort	एफर्ट	प्रयास
eggs	अैग्स	अण्डे
Egypt	इजिप्ट	मिस्र देश
elated	इलेटिड	उत्साहित
elder	एल्डर	बड़ा
elect	इलेक्ट	चुनना
electric	इलेट्रिक	बिजली का
electrified	इलेक्ट्रीफाइड	खलबली मचा दी, सनसनी फला दी
electorate	इलैक्टोरेट	मतदाता
elevate	ऐलिवेट	ऊँचा उठाना
elite	ऐलीट	उच्च वर्ग
else	एल्स	अन्य, अथवा
elsewhere	एल्सवेअर	अन्य कहीं

English	Pronunciation	Meaning
elusive	*इल्यूसिव*	छली
embark	*एम्बार्क*	जहाज पर चढ़ना, सम्मिलित होना
embarrassment	*एम्बेरेसमैण्ट*	घबराहट, गड़बड़
embrace	*एम्ब्रेस*	गले लगाना
emergence	*एमरजैन्स*	उभार
empire	*एम्पायर*	साम्राज्य
employment	*इम्पलायमेण्ट*	रोजगार, काम-धन्धा
enable	*इनेबिल*	योग्य करने
encamp	*एनकैम्प*	इकट्ठे होना
encouragement	*एनकरेजमेण्ट*	साहस
encumber	*एनकम्बर*	भार ग्रस्त करना
end up	*ऐण्ड अप*	किसी स्थिति में पहुँचना
endeavour	*एण्डीवर*	प्रयास
enemies	*एनीमीज*	शत्रु
energetic	*एनर्जेटिक*	ऊर्जावान
engage	*एन्गेज*	वचनबद्ध होना
engulf	*एन्गल्फ*	घेर लेना, निगल लेना
enhance	*एन्हैन्स*	बढ़ाना, सुधारना
enjoyable	*एन्जॉयेबल*	आनन्ददायक
enormous	*इनॉरमस*	बड़ा, सारा
enough	*एनफ*	पर्याप्त
enquire	*एन्क्वायर*	पूछताछ करना
enter	*एण्टर*	प्रवेश
enterprising	*ऐण्टरप्राइजिंग*	उद्यमी, साहसी
entertain	*एन्टरटेन*	सत्कार करना, मनोरंजन करना
enthusiasm	*एन्थूजिएज्म*	उत्साह
entirely	*ऐन्टायरली*	पूर्णतया
epidemic	*एपिडैमिक*	महामारी
epoch	*ईपोक्*	काल
equator	*ईक्वेटर*	भूमध्य रेखा
escape	*एस्केप*	छुटकारा मिलना, बचना
eskimos	*एस्कीमोज*	उत्तरी ध्रुव प्रदेश के आस-पास रहने वाली जाति
essential	*असैन्शियल*	आवश्यक
establish	*एस्टेब्लिश*	संगठित करना, नींव डालना
etiquette	*एटीकेट*	शिष्टाचार
europeanization	*यूरोपिएनाइजेशन*	यूरोपीय निवासियों का अनुसरण

English	Pronunciation	Meaning
evade	*इवेड*	कतराकर निकलना, दूर भागना
eve	*ईव*	अवसर
even	*ईवन*	यहाँ तक कि
everything	*एवरीथिंग*	प्रत्येक वस्तु
evidence	*एवीडैन्स*	प्रमाण
evidently	*एविडैन्टली*	स्पष्टतया, प्रमाणित रूप से
evil eye	*ईविल आई*	बुरी नजर
evil men	*ईविल मैन*	बुरे आदमी
evil spirit	*ईविल स्पिरिट*	दुष्ट आत्मा
exactly	*एक्जैक्टली*	बिलकुल, सही रूप से
examine	*एग्जामिन*	जाँच करना
excellent	*एक्सीलैण्ट*	शानदार, श्रेष्ठ
except	*एक्सैप्ट*	सिवाय
exceptionally	*एक्सैप्शनली*	असाधारण रूप से
exchange	*एक्सचेंज*	विनिमय व आदान-प्रदान
excitedly	*एक्साइटेडली*	उत्तेजित होते हुए
excitement	*एक्साइटमेण्ट*	उत्तेजना
exciting	*एक्साइटिंग*	मजेदार
exclaimed	*एक्सक्लेम्ड*	आश्चर्य से
ex-communication	*एक्स-कम्यूनिकेशन*	धर्म आदि से बहिष्कृत करना
exhausted	*एक्जास्टीड*	थका-मांदा
exhibition	*एग्जीबिशन*	प्रदर्शनी
exile	*ऐग्जाइल*	वनवास
exist	*एक्जिस्ट*	अस्तित्व में होना या रहना
existence	*एक्जिस्टैंस*	अस्तित्व
expect	*एक्सपैक्ट*	आशा करना
expel	*एक्सपैल*	निष्कासित करना
expenditure	*एक्सपैन्डीचर*	खर्चा
expenses	*एक्सैपैन्सेज*	खर्चे
expensive	*एक्सपैंसिव*	खर्चीला
experienced	*एक्सपीरियन्स्ड*	अनुभवी
explain	*एक्सप्लेन*	व्याख्या करना
exploitation	*एक्सप्लोइटेशन*	शोषण
exploration	*एक्सप्लोरेशन*	अनुसन्धान, खोज यात्रा
export	*एक्सपोर्ट*	निर्यात करना
expose	*एक्सपोज*	उघाड़ना, अनावृत करना

English	Pronunciation	Meaning
express	एक्सप्रेस	व्यक्त करना
expression	एक्सप्रेशन	भाव
extended	एक्सटैन्डिड	बढ़ाया गया
extremely	एक्सट्रीमली	सर्वोच्च, अत्यधिक रूप से
extrovert	एक्स्ट्रोवर्ट	बहिर्मुखी
eyebrows	आईब्रो	भौहें
eyewitness	आईविटनैस	चश्मदीद गवाह
fabricate	फैब्रकैट	झूठी कहानी बनाना
face	फेस	मुखातिब होना
facility	फैसिलिटी	सुविधा, साधन
fact	फैक्ट	तथ्य
faint	फेन्ट	कमजोर
fair play	फेयर प्ले	न्याय व्यवहार, ईमानदारी
fair	फेयर	साफ, सुन्दर
faith	फेथ	विश्वास
fall	फॉल	पतझड़
fame	फेम	यश, प्रसिद्ध
familiar	फैमिलियर	परिचित
famous	फैमस	प्रसिद्ध
fancy	फैन्सी	कल्पना
far away	फार अवे	बहुत दूर
far off	फार ऑफ	दूर के
far	फार	दूर
fare	फेयर	किराया
farthing	फार्थिंग	बहुत छोटा सिक्का
fascinate	फैसीनेट	मोह लेना
fashionable	फैशनेबल	रीति, लोकाचार के अनुरूप
faster	फास्टर	ज्यादा तेज
fatal	फैटल	प्राणनाशक
fault	फॉल्ट	दोष, दुर्गुण
favourable	फैवरेबल	पक्ष में
favour	फेवर	पसन्द करना
fear	फीयर	भय
fearless	फीयरलैस	निडर
feast	फीस्ट	भोज, उत्सव
feathers	फैदर्स	पंख

English	Pronunciation	Meaning
feebly	फीबली	धीमी आवाज में
feeling	फीलिंग	भावना
felicitation	फैलीसिटेशन	आनन्द
fellow	फैलो	व्यक्ति, साथी
female	फीमेल	मादा
fence	फैंस	दीवार
ferocious	फैरोशस	खूँखार
fertile	फर्टाइल	उपजाऊ
fervour	फरवर	तीव्रता
festival	फैस्टीवल	पर्व, उत्सव, त्योहार
fetch	फैच	लाना
fevered	फीवर्ड	ज्वर से ग्रसित
few yards	फ्यू याड्‌र्स	कुछ गज
fields	फील्ड्स	खेत
fiercely	फियर्सली	जोर से
fig tree	फिग ट्री	अंजीर का पेड़
fight	फाइट	लड़ना
finally	फाइनली	अन्ततः
find	फाइण्ड	पाना
fine	फाइन	महीन, पतली
finishing touch	फिनिशिंग टच	अन्तिम चरण
finishing	फिनिशिंग	समाप्त करते हुए
firewood	फायर वुड	जलाने की लकड़ियाँ
firmly	फर्मली	मजबूती से
fitting	फिटिंग	लायक
fixed	फिक्स्ड	नियत
flag	फ्लैग	झण्डा
flamboyant	फ्लैम्बॉइन्ट	उज्जवल, भड़कीला
flee	फ्ली	भाग जाना
fleeter	फ्लीटर	तेज
flesh	फ्लैश	मांस
fly	फ्लाई	उड़ना
flock	फ्लॉक	झुण्ड
flood	फ्लड	बाढ़
floor	फ्लोर	फर्श
flour	फ्लोर	आटा

English	Pronunciation	Meaning
flow	फ्लो	प्रवाह, बहना
flush	फ्लश	चमकना, लाल होना
fodder	फौडर	चारा
foe	फोउन	शत्रु
foil	फॉइल	परास्त करना
fold	फोल्ड	मोड़ना, लपेटना
folded hands	फोल्डिड हैण्ड्स	हाथ जोड़ना
follow	फॉलो	अनुसरण करना
folly	फॉली	मूर्खता, अज्ञानता
fond of	फॉण्ड ऑफ	शौकीन
foothills	फुटहिल्स	तले, तलहटी
for short	फॉर शॉर्ट	संक्षिप्त में
forbade	फॉबिड	वर्जित करना, रोकना
force	फोर्स	मजबूर करना
forcibly	फोरसीबली	जबरदस्ती से
forebodes	फोरबोड्स	किसी बुरी घटना की पूर्व सूचना देना
forehead	फोरहैड	माथा
foreign	फॉरिन	विदेशी
foreigners	फॉरनर्स	विदेशी लोग
forelimbs	फोरलिम्बस	अगली टाँगें
foremost	फोरमोस्ट	सबसे पहले
forest offficer	फॉरैस्ट ऑफिसर	वन अधिकारी
foretelling	फोरटैलिंग	भविष्य बताना
forget	फॉरगैट	भूल जाना
forgive	फॉरगिव	क्षमा करना
forks	फॉर्क्स	काँटा, शूल
forlornly	फोरलोर्नली	बेसब्री से, उदासी से
form	फॉर्म	रूप
forming	फॉर्मिंग	बनाना
formulate	फॉर्मुलेट	योजना बनाना
fortitude	फॉर्टिट्यूड	सहनशीलता
forward	फॉरवर्ड	आगे
founder	फाउण्डर	संस्थापक
fowl	फाउल	मुर्गी
frail	फ्रेल	दुर्बल
frame	फ्रेम	बनाना

English	Pronunciation	Meaning
frankly	फ्रैंकली	खुले रूप से
fraud	फ्रॉड	धोखाधड़ी
freak	फ्रीक	विलक्षण प्राणी
free	फ्री	स्वतन्त्र
freedom fighter	फ्रीडम फाईटर	स्वतन्त्रता सेनानी
freedom	फ्रीडम	आजादी
frequently	फ्रीक्वैन्टली	बार-बार, अक्सर
fresh recruits	फ्रैश रिक्रूट्स	नवनियुक्त
friendship	फ्रैण्डशिप	मित्रता
fright	फ्राइट	डर
frighten	फ्राइटन	भयभीत करना
fuel	फ्यूएल	ईंधन
fulfilling	फुलफिलिंग	पूरा करना
full grown	फुलग्रॉन	परिपूर्ण
faulter	फॉल्टर	गलत
fundamental	फन्डामेन्टल	आवश्यक, प्रमुख
funds	फण्ड्स	धन राशि
fur	फर	महीन रोवें वाला
furnish	फर्निश	सुसज्जित करना, सजाना
furniture	फर्नीचर	लकड़ी का सामान
further	फरदर	आगे की, भविष्य, इससे आगे
fury	फ्यूरी	गुस्सा
fuss	फस	खलबली
futile	फ्यूटल	व्यर्थ, तुच्छ
future	फ्यूचर	भविष्य
gain	गेन	प्राप्त करना, लाभ
gale	गेल	आँधी
Ganges	गैंजेज	गंगा नदी
garment	गारमैण्ट	कपड़ा
garrulous	गैरलस	बातूनी, गप्पी
gather	गैदर	इकट्ठे होना
gay	गे	खुश
gaze	गेज	नजर
gear	गीयर	तैयार, अनुकूल
gems	जैम्स	जवाहरात
generation	जेनरेशन	पीढ़ी

English	Pronunciation	Meaning
generosity	*जेनीरोसिटी*	उदारशीलता, दानशीलता
generous	*जेनरस*	उदार, दानी
gently	*जैन्टली*	नम्रता
genuine	*जिन्यूइन*	वास्तविक
geographical	*ज्योग्राफिकल*	भौगोलिक
germination	*जरमिनेशन*	अंकुरण
germs	*जर्म्स*	रोगाणु
get along	*गैट एलोंग*	साथ रहने की
get on	*गैट ऑन*	काम चलाना
get approved	*गेट अप्रूव्ड*	अनुमोदित कराना
get used to	*गैट यूज्ड टू*	अभ्यस्त होना, आदी होना
ghostly	*घोस्टली*	भुतहा
ghosts	*घोस्ट्स*	भूत
giant	*जायन्ट*	विशालकाय
giggling	*गिगलिंग*	मूर्ख की तरह हँसना
girdling	*गर्डलिंग*	घेरे हुए
give up	*गिव अप*	त्याग देना
glacier	*ग्लेशियर*	हिमनद
gleam	*ग्लीम*	चमकना
glibly	*ग्लिबली*	सहज भाव से
gliding	*ग्लाईडिंग*	उड़ते हुए
glint	*ग्लिन्ट*	चमकना
goals	*गोल्स*	उद्‌देश्य
gobble	*गॉबल*	हड़प जाना, निगल जाना
gold	*गोल्ड*	सोना
golden brown	*गोल्डन ब्राउन*	सुनहरे भूरे
good breeding	*गुड ब्रीडिंग*	अच्छे परिवार से सम्बन्धित
good bye	*गुड बॉय*	अलविदा
good luck	*गुडलक*	सौभाग्य
goodies	*गुडीज*	इच्छित वस्तुएँ
goodwill	*गुडविल*	प्रतिष्ठा
gossip	*गॉसिप*	गपशप
go up	*गो अप*	ऊपर जाना
grace	*ग्रेस*	शालीनता
graceful	*ग्रेसफुल*	शालीन, भव्य
gradual	*ग्रेजुअल*	धीरे-धीरे

English	Pronunciation	Meaning
grand	ग्राण्ड	भव्य, शानदार
grapple	ग्रेपल	झगड़ना
grateful	ग्रेटफुल	कृतज्ञता से पूर्ण
grave	ग्रेव	गम्भीर हो गया, घबरा देना
gravel	ग्रेवेल	कंकड़ पत्थर
grayish	ग्रेइश	भूरा
greatest	ग्रेटैस्ट	सबसे ज्यादा
greatness	ग्रेटनैस	महानता
greenery	ग्रीनरी	हरा-भरा
greeting	ग्रीटिंग	अभिवादन
grief	ग्रीफ	दुःख
grievance	ग्रीवेन्स	कष्ट
grieve	ग्रीव	दुःख में डूब जाना
grinning	ग्रिनिंग	दाँत पीसते हुए
groom	ग्रूम	वर
ground	ग्राउण्ड	भूमि, धरती
group	ग्रुप	समूह
grove	ग्रोव	झुरमुट
grow	ग्रो	उगना
grudge	ग्रज	दुर्भावना
guess	गैस	अनुमान, अन्दाजा लगाना
guest	गैस्ट	मेहमान
guidance	गाइडैन्स	निर्देशन
guile	गाईल	धूर्तता
guineas	गिनीज	मुद्रा
gush	गश	फूट निकलना, बह निकलना
gutter	गटर	परनाला
guzzling	गजलिंग	भरपेट खाना
gypsy	जिप्सी	यूरोप का बंजारा
habit	हैबिट	आदत
half hearted	हाफ हार्टेड	अधूरे मन से
hallabaloo	हलाबलू	कोलाहल, शोरगुल
halt	हाल्ट	ठहराव
hamper	हैम्पर	बाधा डालना, टोकरी
hammer blow	हैमर ब्लो	हथोड़े की चोटें, बोली छूटना
hand in hand	हैण्ड इन हैण्ड	हाथ-में-हाथ डाले

English	Pronunciation	Meaning
hand over	*हैण्ड ओवर*	देना
handed	*हैण्डिड*	सौंप दिया
handicraft	*हैण्डीक्राफ्ट*	हस्तकला उद्योग
handing	*हैण्डिंग*	देते हुए
handkerchief	*हैण्डकरचिफ*	रूमाल
handsome	*हैण्डसम*	सुन्दर
hanging around	*हैंगिंग अराउण्ड*	आवारा फिरना
happen	*हैप्पन*	घटित होना, घटना, दृश्य
happiest	*हैप्पीयस्ट*	सर्वाधिक खुश
happiness	*हैप्पीनैस*	खुशी
happy	*हैपी*	प्रसन्न
harbinger	*हारबिन्जर*	अग्रदूत, आगे होने वाली घटनाओं का आभास देने वाला
hard of hearing	*हार्ड ऑफ हियरिंग*	सुनने में कठिनाई
hard task	*हार्ड टास्क*	कठोर परिश्रम
hard working	*हार्ड वर्किंग*	मेहनती
harden	*हार्डेन*	कठोर बना लेना
hardly	*हार्डली*	मुश्किल से
hardship	*हार्डशिप*	मुश्किल, कठिनाई
hardy	*हार्डी*	तगड़ा
harm	*हार्म*	नुकसान
harmony	*हार्मनि*	सामंजस्य, समरसता, मैत्री
harsh voice	*हार्श वॉइस*	कर्कश आवाज
harsh	*हार्श*	कठोर
hawker	*हॉकर*	फेरी वाला
hay	*हे*	चारा
headache	*हैडेक*	सिरदर्द
hear	*हियर*	सुनो, सुनना
heart broken	*हार्ट ब्रोकन*	टूटा हुआ दिल
heaven	*हैवन*	स्वर्ग
heavily	*हैविली*	जोरदार
hebrew	*हिब्रू*	यहूदी
heedless	*हीडलैस*	असावधान, लापरवाह
heir apparent	*ऐअर अपैरेन्ट*	युवराज या उत्तराधिकारी
hell	*हैल*	नरक
helpless	*हैल्पलैस*	निः सहाय

English	Pronunciation	Meaning
hence	*हैन्स*	इसलिए, अब से
heritage	*हैरिटेज*	विरासत, पैतृक सम्पत्ति, परम्परा
hermit	*हरमिट*	साधु
hesitantly	*हेजिटेण्टली*	हिचकिचाते हुए
hesitate	*हेजीटेट*	झिझकना, हिचकिचाना
hide	*हाइड*	छिपना, गुप्त रखना
highness	*हाइनैस*	उच्चता, महाराज, ऊँचाई
hiking	*हाइकिंग*	पद यात्रा
hoax	*होक्स*	ठगना, चकमा देना
hold	*होल्ड*	पकड़ना
holding	*होल्डिंग*	लगा रहा
holes	*होल्स*	छेद, खोखला
holy	*होली*	पवित्र
homesick	*होमसिक*	घर की याद
honest	*ऑनेस्ट*	ईमानदार
honour	*ऑनर*	सम्मान
hoof	*हूफ*	खुर
hope	*होप*	आशा
hopelessness	*होपलेसनैस*	निराशा
horror	*हॉरर*	डर, भय
hospitality	*हॉसपिटेलिटी*	आतिथ्य
household	*हाउसहोल्ड*	घरेलू कार्य
house	*हाउस*	घर
however	*हाउएवर*	किन्तु, तथापि
hug	*हग*	आलिंगन
huge	*ह्यूज*	बड़ा
hulking	*हकिंग*	बेडॉल
humble	*हम्बल*	विनम्र
human being	*ह्यूमैन बीइंग*	मानव, मनुष्य
humanity	*ह्यूमैनिटी*	मानवता
humming	*हमिंग*	गुनगुनाता हुआ
hungry	*हंगरी*	भूखा
hunting	*हंटिंग*	शिकार कर रहा
hurriedly	*हरिड्ली*	जल्दी से, फुर्ती से
hurt	*हर्ट*	तकलीफ
husband	*हसबैण्ड*	पति

English	Pronunciation	Meaning
husky	*हस्की*	भर्राई आवाज
hut	*हट*	झोंपड़ी
ideal	*आइडियल*	आदर्श
identify	*आइडैण्टीफाई*	पहचानना
identity card	*आइडेन्टिटि कार्ड*	परिचय पत्र
idle	*आइडल*	आलसी
ignorance	*इग्नोरैन्स*	अज्ञानता
illegal	*इल्लीगल*	अवैधानिक
imagine	*इमैजिन*	कल्पना करना, अनुमान करना
immediate	*इमीडिएट*	तुरन्त
immunity	*इम्युनिटी*	प्रतिरक्षा, प्रतिरोधकता
impartiality	*इम्पार्शियेलिटी*	निष्पक्षता
impel	*इंम्पेल*	धकेलना
imply	*इम्प्लाई*	संकेत देना
import	*इम्पोर्ट*	आयात
important	*इम्पॉर्टेण्ट*	महत्त्वपूर्ण
impossible	*इम्पॉसिबिल*	असम्भव
impress	*इम्प्रैस*	प्रभावित होना
improve	*इम्प्रूव*	सुधारना
in seach of	*इन सर्च ऑफ*	तलाश में
in spite of	*इन स्पाइट ऑफ*	के बावजूद
in that case	*इन दैट केस*	ऐसी स्थिति में
in touch with	*इन टच विद*	के सम्पर्क में
incident	*इन्सीडैन्ट*	घटना
incessant	*इनसेसैण्ट*	सतत्, बिना रुके
incidental expenses	*इन्सीडैण्टल एक्सपैन्सेज*	यात्रा में भोजन पर खर्च होने वाला व्यय, आकस्मिक खर्च
including	*इनक्लूडिंग*	शामिल करते हुए
incompetent	*इनकॉम्पीटैण्ट*	अयोगय, अक्षम
increase	*इनक्रीज*	बढ़ना
indeed	*इनडीड*	वास्तव में
indelibly	*इन्डैलीब्ली*	अमिट रूप से
independence	*इन्डिपैन्डैन्स*	आजादी
indestructible	*इनडैस्ट्रक्टिबल*	अविनाशी
indicate	*इण्डिकेट*	बताना, दिखाना
indiscretion	*इनडिस्क्रीशन*	बिना विचार

English	Pronunciation	Meaning
indiscriminate	*इनडिस्क्रिमिनेट*	बिना सोचे समझे, अन्धाधुन्ध
indivisble	*इनडिविजीबल*	अविभाज्य
individual	*इनडिविज्युल*	व्यक्तिगत
indulging	*इन्डल्जिंग*	इच्छापूर्ति में लगना
Indus	*इण्डस*	सिन्धु नदी
industry	*इण्डस्ट्री*	उद्योग
inflation	*इन्फ्लेशन*	महँगाई
infinity	*इनफिनिटी*	अनन्त, असीमिता
influence	*इनफ्लुऐन्स*	प्रभावित करना
influenza	*इनफ्लूऐन्जा*	ज्वर
inhabitants	*इनहैबिटैन्ट्स*	निवासी
inhale	*इनहेली*	श्वास लेना या साँस खींचना
injured	*इन्जर्ड*	घायल
injustice	*इनजस्टिस*	अन्याय
innocent	*इनोसेन्ट*	मासूम
inquire	*इन्क्वायर*	जाँच, पूछताछ करना
inquiringly	*इनक्वायरिंगली*	प्रश्नवाचक मुद्रा में
insect	*इन्सैक्ट*	कीट पतंगें, मकड़ी
insecurity	*इनसिक्योरिटी*	असुरक्षा
inside	*इनसाइड*	अन्दर
insist	*इनसिस्ट*	जोर देना
insipid	*इन्सिपिड*	बेस्वाद, नीरस
inspected	*इन्सपैक्टेड*	निरीक्षण किया
inspector	*इन्स्पैक्टर*	निरीक्षक
install	*इन्स्टाल*	लगाना
instance	*इन्स्टान्स*	उदाहरण
instant	*इन्सटैण्ट*	पल, क्षण
instead	*इन्सटैड*	बजाय, एवज में
instil	*इन्स्टिल*	भरना, मन में बैठना
instinct	*इन्सटिंक्ट*	सहज वृति
institute	*इन्स्टीट्यूट*	संस्थान
instruction	*इन्स्ट्रक्शन*	निर्देश
instruments	*इन्सट्रूमैण्ट्स*	औजार, यन्त्र
insult	*इनसल्ट*	अपमान
intelligence	*इनटैलिजैन्स*	होशियार
intention	*इन्टैन्शन*	दृष्टि

English	Pronunciation	Meaning
interested	इनटेरेस्टेड	रुचियुक्त
interesting	इन्ट्रस्टिंग	मजेदार, रोचक
interpret	इन्टर्प्रट	अनुवाद करना, वर्णन करना
intervene	इन्टरवीन	बीच में आना
intimate	इण्टीमेट	अभिन्न
introduce	इन्ट्रोड्यूज	परिचय करवाना
invade	इनवेड	आक्रमण करना
invest	इनवैस्ट	धन लगाना
invincible	इनविन्सिबल	अजेय
invisible	इनविजीबल	अदृश्य
involved	इनवॉल्वड	सम्मिलित था
invocation	इन्वकैशन	आवाहन
iron	आइरन	लोहा
irresistible	इर्रेसिस्टिबल	अनिवार्य
irresolute	इर्रिजोल्यूट	डाँवाडोल, अनिश्चय
irrelevant	इरेलवन्ट	असंगत, बेमतलब
irrigation	इरीगेशन	सिंचाई
itself	इटसैल्फ	स्वयं
jantantra	जनतन्त्र	जनतन्त्र
jaw	जॉ	जबड़ा
jealous	जैलस	ईर्ष्या
jewellery	ज्वैलरी	आभूषण
jibe	जिब्	मज़ाक उड़ाना
jockey	जॉकी	घुड़दौड़ में भाग लेने वाला घुड़सवार
join	ज्वॉइन	उपस्थित होना
joke	जोक	मज़ाक करना, परिहास
jolly	जॉली	खुशी से
journalist	जरन्लिस्ट	पत्रकार
jump	जम्प	उछलना
jungle	जंगल	जंगल
justice	जस्टिस	न्याय
keen edge	कीन एज	पैना किनारा
keep going	कीप गोईंग	चलाना, जारी रखना
kill	किल	मारना (जान से)
kind	काइन्ड	प्रकार
kindle	किन्डल	प्रज्वलित करना, जलाना

English	Pronunciation	Meaning
kindness	*काइण्डनैस*	दया
king	*किंग*	राजा
kingdom	*किंगडम*	राज्य
kitchen	*किचिन*	रसोई
know	*नो*	जानना
knife	*नाइफ*	चाकू
knot	*नाट*	लपेटना, गाँठ
knowledge	*नॉलेज*	ज्ञान
known to all	*नॉन टू ऑल*	सभी के द्वारा जाना गया
known	*नॉन*	प्रसिद्ध
kratos	*क्रेटोस*	शासन
kshatriya	*क्षत्रिय*	क्षत्रिय वर्ण का
laboratories	*लैबोरेट्रीज*	प्रयोगशालाएँ
lack	*लैक*	कमी होना
lad	*लैड*	बालक, कुमार
ladder	*लैडर*	सीढ़ियाँ
laid	*लेड*	रखे
lake	*लेक*	झील
land dispute	*लैण्ड डिसप्यूट*	जमीनी झगड़ा
land locked	*लैण्ड लॉक्ड*	जमीन से घिरे होना
landlord	*लैण्डलॉर्ड*	जमीन मालिक
land	*लैण्ड*	भूमि
language	*लैंग्वेज*	भाषा
large heartedness	*लार्ज हर्टड्नैस*	विशाल हृदयता
lark	*लार्क*	खुश होना
last pinch	*लास्ट पिंच*	अन्तिम कोशिश
later	*लेटर*	बाद में
lauded	*लॉडिड*	प्रशंसा करना
laugh	*लॉफ*	हँसना
laughter	*लॉफ्टर*	हँसी
launch	*लॉन्च*	आरम्भ करना
lavishly	*लेविशली*	अति उदारता से
lawyer	*लॉयर्स*	वकील
lay	*ले*	लगाना, पड़ा हुआ
lead	*लैड*	सीसा
leader	*लीडर*	नेता

English	Pronunciation	Meaning
leaning	लीनिंग	कमजोर, झुकते हुए
learned	लरनेड	विद्वान्
learning a trade	लर्निंग ए ट्रेड	व्यापार सीखे हुए
learn	लर्न	जानना, सीखना
least	लीस्ट	कम से कम
leather	लैदर	चमड़ा
leave	लीव	छोड़ना
leaf	लीफ	पत्ता
legend	लीजैण्ड	पौराणिक कथा
legislative assembly	लैजिसलेटिव एसैम्बली	विधान सभा
legitimate	लेजिटिमेट	न्यायसंगत
leisure	लैजर	फुर्सत
lender	लेण्डर	उधार देने वाला
length	लैंग्थ	लम्बाई
leopard	लैपर्ड	तेन्दुआ
letter	लैटर	पत्र
licence	लाइसेन्स	लाइसेन्स, अधिकार पत्र
lie	लाई	झूठ
lifeless	लाईफलैस	जीवन रहित
lift	लिफ्ट	उठाना
light	लाइट	हल्की
lightning	लाइटनिंग	तड़ित विद्युत
limbs	लिम्ब्स	हाथ-पाँव
linen	लिनन	सन का कपड़ा
linger	लिंगर	ठहरना
liquor	लिकर	शराब
listen	लिसन	सुनना, सुनो
literally	लिटरली	शाब्दिक
literature	लिट्रेचर	साहित्य
litter	लिटर	एक साथ पैदा होने वाले बच्चों का समूह
little boy	लिटिल बॉय	छोटा-सा लड़का
little knot	लिटिल नॉट	छोटा-सा समूह
livelihood	लिवलीहुड	जीविका
lodging	लॉजिंग	अस्थाई निवास
lonely	लोनली	अकेलापन
long long ago	लोंग लोंग ऐगो	बहुत लम्बे समय पूर्व

English	Pronunciation	Meaning
long tongue	*लोंग टंग*	प्रखर वक्ता
look after	*लुक आफ्टर*	देखभाल करना
look	*लुक*	दिखना, दिखाई देना
loom	*लूम*	करघा
lord	*लॉर्ड*	स्वामी
lose	*लूज*	खोना
lost	*लोस्ट*	खो गया, मर गया
lots	*लॉट्स*	सामान, वस्तुएँ, ढेर सारा
lotus	*लोटस*	कमल
loudly	*लाउड्ली*	जोर से
loving	*लविंग*	प्यारा
lower	*लोअर*	नीचा करना, कम करना
lowest	*लोवेस्ट*	निम्नतम
loyalty	*लॉयल्टी*	वफादारी
lucky	*लकी*	भाग्यशाली
luggage	*लगेज*	सामान
lump	*लम्प*	ढेर
lunch	*लन्च*	दोपहर का भोजन
lurking	*लर्किंग*	छुपते हुए
luscious	*लसियस*	स्वादिष्ट
lust	*लस्ट*	तीव्र लालसा
madness	*मैडनैस*	पागलपन
magic	*मैजिक*	जादू
magistrate	*मजिस्ट्रेट*	न्यायाधीश
maid servant	*मेड सरवैण्ट*	नौकरानी
maid	*मेड*	नौकरानी, कुमारी
maiden	*मेडन*	युवती
main	*मेन*	मुख्य
maintenance	*मेन्टिनैन्स*	अनुरक्षण
majestic	*मैजेस्टिक*	शाही, शानदार
make up minds	*मेक अप माइन्ड्स*	निश्चय करना
male	*मेल*	नर
manager	*मैनेजर*	प्रबन्धक
manliness	*मैनलिनैस*	पौरुष, मर्दानगी
manners	*मैनर्स*	तौर तरीके
manual	*मैन्युअल*	शारीरिक

English	Pronunciation	Meaning
map	*मैप*	मानचित्र, नक्शा
marble	*मारबल*	कंचा
marking	*मार्किंग*	निशान
marrow	*मैरो*	मज्जा
material	*मैटीरियल*	सामान
matinee	*मैटिनी*	तीसरे पहरे के नाटक आदि का गायन
matriculation	*मैट्रिकुलेशन*	मैट्रिक की परीक्षा
mat	*मैट*	चटाई, कालीन
matter	*मैटर*	मामला
meadow	*मिडो*	घास का मैदान
meagre	*मीगर*	थोड़ी
mean	*मीन*	अर्थ होता है, तात्पर्य
means	*मीन्स*	साधन
measure	*मेजर*	माप
meat	*मीट*	मांस
mechanization	*मैकेनाइजेशन*	यान्त्रिक, मशीनीकरण
medicated	*मैडीकेटिड*	चिकित्सा के रूप में
medicine	*मेडिसिन*	दवाई
meditate	*मेडिटेट*	ध्यान लगाना
meeting	*मीटिंग*	मिलना
mechanically	*मैकेनिकली*	यन्त्रवत्
melody	*मैलोडी*	माधुर्यता
memory	*मेमोरी*	याददाश्त
mental	*मेण्टल*	मानसिक
mention	*मेन्शन*	बताना, जिक्र करना
menu	*मीनू*	भोजन सूची
mere	*मीयर*	केवल
merits	*मैरिट्स*	गुण
merrily	*मैरीली*	प्रसन्नतापूर्वक
merry	*मैरी*	खुशी
message	*मैसेज*	समाचार, सन्देश
messenger	*मैसेन्जर*	सन्देश वाहक
metal	*मैटल*	धातु
mica	*माइका*	अभ्रक
mouse	*माउस*	चूहा
midnight	*मिडनाइट*	अर्द्ध-रात्रि

English	Pronunciation	Meaning
mid term	*मिड टर्म*	शैक्षणिक सत्र के मध्य में होने वाला, मध्यावधि
middle ages	*मिडिल एजस्*	मध्यकाल
midst	*मिड्स्ट*	इस बीच में
migrate	*माइग्रेट*	देशागमन, विस्थापन
million	*मिलियन*	दस लाख
millionaire	*मिलियनेअर*	लखपति
mimic fleet	*मिमिक फ्लीट*	कागज की नाव
minding	*माइन्डिग*	विचार करते हुए
mine	*माईन*	खान, मेरा
miner	*माइनर*	खान में काम करने वाला
mineral	*मिनरल*	खनिज लवण
miners	*माइनर्स*	खान में काम करने वाले श्रमिक
mingle	*मिंगल*	मिलना
minister	*मिनिस्टर*	मन्त्री
minute	*मिनट*	मिनट
miracle	*मिरेकल*	चमत्कार
mirth	*मिर्थ*	उत्साह
mischief	*मिस्चीफ*	गलती
miserable	*मिजरेबिल*	दयनीय, दुःखी
misery	*मिजरी*	सन्देह, परेशानी
misfortune	*मिसफॉरचून*	दुर्भाग्य
mission	*मिशन*	लक्ष्य
mistake	*मिस्टेक*	गलतियाँ
modern	*मॉडर्न*	आधुनिक
modesty	*मॉडस्टी*	विनम्रता
moment	*मोमेण्ट*	क्षण, पल, समय
monarch	*मोनार्क*	राजा
monster	*मॉनस्टर*	राक्षस
monstrous	*मॉनस्ट्रस*	भयानक
monthly	*मन्थली*	मासिक
mop	*मॉप*	पौंछना
moreover	*मोरओवर*	इससे भी ज्यादा
morning	*मॉरनिंग*	सुबह
morphology	*मॉर्फोलॉजी*	आकृति विज्ञान
morrow	*मॉरो*	आने वाला दिन
mortal	*मॉर्टल*	मारने वाला, जानलेवा

English	Pronunciation	Meaning
mount	माउण्ट	आरूढ़ होना
mountaineer	माउण्टेनियर	पर्वतारोही
mount	माउन्ट	चढ़ना, उठना
mourn	मोर्न	दु:खी होना
move	मूव	गतिविधि, हिलना
mud	मड	कीचड़
mum	मम	चुप
music	म्यूजिक	संगीत
musical concert	म्यूजिकल कनसर्ट	संगीत सभा
musician	म्यूजिशियन	संगीतकार
mysterious	मिस्टीरियस	रहस्यपूर्ण
mythology	मिथॉलॉजी	पुराण, देवकथा, मिथकशास्त्र
native	नेटिव	मूल
natural	नैचुरल	प्राकृतिक
nature	नेचर	प्रकृति
naught	नॉट	तुच्छ, शून्य
naughty	नॉटी	शरारती
nay	नेअ	नहीं, न केवल
nearby	नियरबाई	नजदीकी
nearly	नियरली	लगभग, प्राय:
necessary	नैसेसरी	आवश्यक
necessity	नैसेसिटी	आवश्यकता
necklace	नैकलैस	गले का हार
nectar	नैक्टर	अमृत
need	नीड	आवश्यकता
negro	नीग्रो	हब्शी
neighbour	नेबर	पड़ोसी
nest	नैस्ट	घोंसला
never mind	नेवर माइन्ड	ध्यान मत दीजिए
nevertheless	नैवरदलैस	इसके बावजूद भी
newly weds	न्यूली वैड्स	नव विवाहित
next day	नैक्स्ट डे	अगले दिन
nibble	निबल	कुतरना, दोष ढूढ़ना
nice	नाइस	अच्छा
night	नाइट	रात्रि
nine-pin	नाईन पिन	मामूली चीज

English	Pronunciation	Meaning
no longer	*नो लौंगर*	अधिक देर नहीं
no one	*नो वन*	कोई नहीं
noble	*नोबल*	कुलीन
nocturnal	*नॉक्टर्नल*	रात्रिकालीन
nod	*नोड*	सिर हिलाना, सहमति
noise	*नोइज*	आवाज
nomad	*नोमैड*	यायावर, खानाबदोश
nominal charge	*नॉमिनल चार्ज*	उचित दर
non resistance	*नॉन रैसिसटैन्स*	बिना प्रतिरोध
non stop	*नॉन स्टोप*	बिना रुके
non chalantly	*नॉन शैलेन्ट्ली*	उदासीनतापूर्वक
nonsense	*नॉनसैन्स*	बकवास, मूर्खतापूर्ण
normal	*नॉर्मल*	सामान्य
nose ring	*नोज रिंग*	नथनी
nostril	*नोस्ट्रिल*	नथुना
nothing	*नथिंग*	कुछ नहीं
notice	*नोटिस*	देखना
noticeable	*नोटिसेबल*	ध्यान देने योग्य
novice	*नोविस*	नवसिखिया
now	*नाऊ*	अब
now-a-days	*नाऊ-ए-डेज*	इन दिनों, आजकल
nuisance	*न्यूसॅन्स*	कण्टक, उपभोग, बाधा
numberless	*नम्बरलैस*	अनगिनत
numerous	*न्यूमरस*	अनेक, असंख्य
nursing	*नर्सिंग*	सेवा सुश्रूषा, सम्भालना
obey	*ओबे*	आज्ञा मानना
obligation	*ऑब्लीगेशन*	कर्त्तव्य
observance	*ऑबजर्वेन्स*	प्रेक्षण के आधार पर प्रथाओं के अनुसार किए जाने वाले कार्य
observe	*ऑबजर्व*	ध्यान से देखना
obstacle	*ऑब्स्टीकल*	विहन, बाधा
obstinacy	*ऑब्सटीनेसी*	हठधर्मिता
obtain	*ऑब्टेन*	प्राप्त करना
obvious	*ऑबवियस*	स्पष्टत:
occasion	*ओकेजन*	अवसर
occult	*ऑकल्ट*	तान्त्रिक, गुप्त

English	Pronunciation	Meaning
occupation	*ऑक्युपेशन*	व्यवसाय, धन्धा
occupy	*आक्युपाइ*	अधिकार में करना, अधिकृत करना
ocean	*ओशन*	महासागर
of course	*ऑफ कोर्स*	निस्सन्देह
offender	*ऑफेन्डर*	आक्रमण करने वाला
offer	*ऑफर*	प्रस्तुत करना
official	*ऑफिशियल*	सरकारी लोग, अधिकारी
olive	*ऑलिव*	जैतून
omen	*ओमेन*	शकुन, पूर्व सूचना
omit	*ओमिट*	छोड़ना, भूल जाना
on fire	*ऑन फायर*	उत्तेजित होकर
on my behalf	*ओन माई बिहाफ*	मेरी तरफ से
on the other hand	*आन द अदर हैण्ड*	दूसरी तरफ
only	*ओनली*	केवल
opportunity	*अपोर्च्युनिटी*	अवसर, मौका
orange	*ऑरेन्ज*	सन्तरा
orchard	*ऑर्चर्ड*	उद्यान, फलों का बाग
order	*ऑर्डर*	आज्ञा देना
ordinary	*ऑरडिनरी*	साधारण
organization	*ऑर्गनाइजेशन*	संगठन
origin	*ओरिजिन*	उत्पत्ति
original	*ओरिजनल*	मौलिक
originate	*ओरिजिनेट*	आरम्भ करना या होना
orphan	*ओरफन*	अनाथ
occurrence	*अकरन्स*	घटना
otherwise	*अदरवाइज*	अन्यथा
outside	*आउटसाइड*	बाहर
outskirts	*आउटस्कर्ट्स*	किनारा, बाहरी सीमा
outstanding	*आउटस्टैंडिंग*	उत्कृष्ट, श्रेष्ठ
over again	*ओवर अगेन*	शीघ्रता से
overjoyed	*ओवरजॉयड*	अत्यधिक खुश, मस्त
overlook	*ओवरलुक*	जाँचना
overwork	*ओवर वर्क*	अधिक काम
overcome	*ओवरकम*	जीतना, समाधान निकालना
owed	*ओव्ड*	अनुगृहित, बकाया
owl	*आउल*	उल्लू

English	Pronunciation	Meaning
own business	ओन बिजनस	अपना काम
own	ओन	अपना
oxen	ऑक्सन	बैल
oxford	ऑक्सफोर्ड	विश्वविद्यालय का नाम
packed	पैक्ड	बाँधी, खचाखच भरा होना
pay their homage	पे देयर होमेज	श्रद्धांजलि देना
pail	पेल	बाल्टी
pain killer	पेन किलर	दर्द निवारक
painful	पेनफुल	दर्दनाक
palace	पैलेस	महल
pangs	पैंग्स	दर्द
panther	पैन्थर	चीता
panting	पैण्टिग	खुला हुआ
paper	पेपर	कागज, समझौता पत्र, दस्तावेज
parched	पार्च्ड	गर्मी से सूखा हुआ
pardon	पार्डन	क्षमा
particle	पार्टीकल	कण
particular	पर्टीकुलर	विशेष रूप से
parting	पार्टिंग	अलगाव
partition	पार्टीशन	विभाजन
partly	पाट्र्ली	कुछ अंश में, अन्शतः
pass	पास	गुजारना, उत्तीर्ण होना
passenger	पैसेन्जर	यात्री
past	पास्ट	प्राचीन काल
pastime	पास्टाइम	मनोविनोद
pastures	पाश्चर्स	चरागाह
pathetic	पैथेटिक	करुणाजनक
patient	पैशन्ट	धीरज वाले, धैर्यवान
pat	पैट	थपथपाना
pay	पे	भुगतान करना
peaceful	पीसफुल	शान्तिपूर्ण
peach	पीच	आड़ू
peanuts	पीनट्स	मूँगफली
peasantry	पिजैण्ट्री	किसान वर्ग
pebbles	पैबल्स	कंकड़
pell mell	पैल मैल	हड़बड़ी से

English	Pronunciation	Meaning
pellucid water	*पैल्यूसिड वाटर*	स्वच्छ जल
people	*पीपल*	लोग
perfect	*पर्फेक्ट*	पूर्ण
perform	*परफॉर्म*	पूरा करना
perhaps	*परहैप्स*	शायद
period	*पीरियड*	अवधि
perish	*पेरिश*	बर्बाद होना
permanent	*परमानैण्ट*	स्थायी
permit	*परमिट*	इजाजत देना
persist	*परसिस्ट*	कायम रहना
personal	*पर्सनल*	व्यक्तिगत
personality	*पर्सनैलिटी*	व्यक्तित्व
persuade	*परसुएड*	मनाना
pertinence	*परटिनैन्स*	प्रासंगिकता
petition	*पैटिशन*	प्रार्थना पत्र
physical	*फिजिकल*	शारीरिक
physiology	*फिजियोलॉजी*	शरीर विज्ञान
physique	*फिजीक*	शरीर का गठन
pick	*पिक*	गेती, इकट्ठा करना
picked up	*पिक्ड अप*	चयनित
pickle	*पिकल*	अचार
piece	*पीस*	टुकड़ा
pig-iron	*पिग आयरन*	कच्चा लोहा
pile	*पाइल*	ढेर
pilgrims	*पिलग्रिम्स*	तीर्थयात्री
pillar	*पिलर*	खम्भा
pillow	*पिलो*	तकिया
pistachio	*पिस्टेशिओ*	पिस्ता
place	*प्लेस*	स्थान, रखना
plain	*प्लेन*	मैदानी भाग
plait	*प्लेट*	चोटी
plumes and spears	*प्लूम्स एण्ड स्पीयर्स*	पंख और बरछी-भाला
plan	*प्लान*	योजना, युक्ति
plane	*प्लेन*	हवाई जहाज
play	*प्ले*	नाटक
plead	*प्लीड*	प्रार्थना करना, सिफारिश करना

English	Pronunciation	Meaning
pleader	*प्लीडर*	वकील
please	*प्लीज*	कृपया, प्रसन्न करना
pleasure	*प्लेजर*	खुशी
plenty	*प्लेन्टी*	प्रचुरता
plough	*प्लाऊ*	खेत जोतना
plunge (into)	*प्लन्ज (इनटू)*	कूद पड़ना
pocket	*पॉकेट्*	जेब
poetry	*पोइट्री*	कविता
poet	*पोयट्*	कवि
police force	*पुलिस फोर्स*	पुलिस बल
pollution	*पॉल्यूशन*	प्रदूषण
pomegranate	*पॉमग्रेनेट*	अनार
ponder	*पॉण्डर*	सोचना
pool	*पूल*	जलाशय कुण्ड, पोखरी
poor	*पूअर*	गरीब
popular	*पॉपुलर*	प्रसिद्ध
population	*पॉपुलेशन*	जनसंख्या
porch	*पोर्च*	गाड़ी खड़ी करने की जगह, ड्योढ़ी
pose	*पोज*	रखना, पूछना, दिखावा
possess	*पजैस*	धारण करना
possible	*पॉसिबल*	सम्भव
pour	*पोर*	डालना, मूसलाधार पानी बरसना
poverty	*पॉवर्टी*	गरीबी
powerful	*पावरफुल*	शक्तिशाली
practically	*प्रैक्टीकली*	व्यावहारिक रूप
practice	*प्रैक्टिस*	वकालता करना
praise	*प्रेज*	प्रशंसा करना
prayer	*प्रयेर*	प्रार्थना
precious	*प्रीशियस*	कीमती
preference	*प्रीफरैन्स*	प्राथमिकता
prefer	*प्रीफर*	प्राथमिकता देना
prejudice	*प्रीजुडिस*	दुराग्रह
preparation	*प्रीपैरेशन*	तैयारी
prescribe	*प्रैस्क्राइब*	दवा सेवन की सलाह देना, दवाई का नुस्खा लिखना
prescribe	*प्रैस्क्राइब*	निर्धारित करना

English	Pronunciation	Meaning
present	प्रैजेण्ट	उपस्थित होना, वर्तमान, भेंट
preserve	प्रिजर्व	सुरक्षित रखना
presume	प्रिज्यूम	मान लेना
pretend	प्रीटैण्ड	बहाना करना
pretentious	प्रिटैन्शस	बनावटी, ढोंगी, पाखण्डी
pretty	पर्टी	सुन्दर
prevalent	प्रीवेलैण्ट	प्रचलित
prevent	प्रिवैण्ट	रोकना
previous	प्रीवियस	पहले के
prey	प्रे	शिकार
prick	प्रिक	छेद करना, उत्तेजित करना
pride	प्राइड	गर्व
priest	प्रीस्ट	पुजारी, पादरी
primitive	प्रिमिटिव	आदिकालीन
prince	प्रिन्स	राजकुमार
print	प्रिन्ट	छापना
probably	प्रोबैबली	शायद
probationer	प्रोबेशनर	परिवीक्षार्थी
proceed	प्रोसीड	आगे बढ़ना
process	प्रोसैस	प्रक्रिया
prodding	प्रोडिंग	उलटना, पलटना, उकसाना
prodigal	प्रॉडिगल	फिजूलखर्च
produce	प्रोड्यूस	पैदा करना, निर्माता
product	प्रॉडक्ट्	उत्पाद
profession	प्रोफेशन	धन्धा, व्यवसाय
professional	प्रोफेशनल	व्यावसायिक
profitable	प्रोफिटेबिल	लाभप्रद
progress	प्रोग्रेस	प्रगति, उन्नति
prohibition	प्रोहिबिशन	निषेध, मनाही
project	प्रोजेक्ट	योजना, परियोजना
promise	प्रोमिस	वायदा करना
promulgate	प्रोमलगेट	कानून लागू करना
propaganda	प्रोपेगण्डा	झूठा प्रचार
proper	प्रॉपर	सही, उचित
property	प्रॉपर्टी	जायदाद, सम्पत्ति, गुण, लक्षण
proportion	प्रोपोरशन	अनुपात, परिमाण

English	Pronunciation	Meaning
propound	प्रोपाउण्ड	प्रस्तुत करना
prospect	प्रॉसपैक्ट	आलोक, आशा
prosperity	प्रॉसपेरिटी	खुशहाली, समृद्धि
protect	प्रोटैक्ट	सुरक्षा करना, बचाना
protest	प्रोटैस्ट	विरोध करना
proud	प्राउड	गर्व अनुभव करना, गर्वित
prove	प्रूव	सिद्ध करना
provide	प्रोवाइड	उपलब्ध कराना, बशर्ते
provoke	प्रोवोक	उत्तेजित करना, छेड़ना
prowess	प्रॉवेस	वीरता
psychologist	साइकॉलॉजिस्ट	मनोवैज्ञानिक
public	पब्लिक	जनता
publish	पब्लिश	प्रकाशित करना
pudding	पुडिंग	पुलाव, हलवा
pull out	पुल आउट	निकलना, वापस बुलाना
pull a face	पुल ए फेस	चेहरा बनाना
punish	पनिश	सजा देना
purchaser	परचेजर	खरीदने वाला
purgative	परगेटिव	जुलाबी
purpose	परपज	उद्‌देश्य
push	पुश	धकेलना
put an end	पुट एन एण्ड	समाप्त कर देना
put on	पुट ऑन	पहनना
puzzled	पजल्ड	उलझन में, परेशान करने वाला, हैरान
quality	क्वालिटी	गुण
quarrel	क्वारल	लड़ाई झगड़ा
quarrymen	क्वारीमैन	पत्थर की खदान में काम करने वाले
quench	क्वेन्च	बुझाना, शान्त करना
questioned	क्वेस्चण्ड	प्रश्न किया
quicken	क्विकन	तेज करना, सचेत करना
quiet	क्वाइट	चुपचाप
quite	क्वाइट	उपयुक्त
quota	कोटा	अंश भाग
quote	क्वोट	उद्धरण
rabab	रबाब	एक प्रकार का वाद्य यन्त्र, सरोद जैसा बाजा
race	रेस	प्रजाति, दौड़

English	Pronunciation	Meaning
rack	रैक	बिखरना, ऐंठना, अलमारी
radiant	रेडियेण्ट	तेजस्वी
rage	रेज	क्रोधित होना
ragged	रैग्ड	रुक्ष, जीर्ण
raid	रेड	धावा
rainfall	रेनफाल	वर्षा
raise	रेज	चढ़ाई
raisin	रेजिन	किशमिश
ram	रैम	ठूँसना
range	रेन्ज	परिक्षेत्र
rapidly	रैपिडली	तेजी से
rarely	रेअरली	कभी-कभार
rash	रैश	उतावला
re-admit	री-एडमिट	पुनः शामिल करना
reach	रीच	पहुँचना
readily	रैडिली	तुरन्त
ready	रैडी	तैयार
real	रीयल	वास्तविक
realise	रियलाइज	महसूस करना
realization	रियलाइजेशन	वसूली
really	रियली	वस्तुतः सचमुच
rear	रियर	पिछला भाग
rearrange	रीअरेन्ज	पुनः व्यवस्था करना
reason	रीजन	कारण
rebell	रिबैल	विद्रोह करना
recapture	रीकैप्चर	पुनः कब्जा कर लेना
recent	रीसैन्ट	वर्तमान
reception	रिसैप्शन	स्वागत करना
receive	रिसीव	प्राप्त करना
reckless	रैक्लैस	विचारहीन
recognize	रेकग्नाइज	पहचानना
recommend	रिकमेण्ड	योग्य बताना, सौंपना
record	रिकॉर्ड	अभिलेख
recount	रिकाउण्ट	पुनर्गणना
rectitude	रैक्टीट्यूड	ईमानदारी से
red sea	रैड सी	लाल सागर

English	Pronunciation	Meaning
red	*रैड*	लाल
redeem	*रिडीम*	मुक्त करना
redress	*रिड्रैस*	दुरस्त करना
reduce	*रिड्यूस*	कम करना
refill	*रिफिल*	दोबारा भरना
refine	*रिफॉइन*	शुद्ध, परिष्कृत
reflect	*रिफलैक्ट*	ध्यान देना
reform	*रिफॉर्म*	सुधार
refresh	*रैफ्रेश*	पुनःताजा बनाना
refuge	*रिफ्यूज*	शरण
refuse	*रिफ्यूज*	इन्कार करना
regain	*रिगेन*	पुनः प्राप्त करना
regard	*रिगार्ड*	कद्र करना
regime	*रिजाइम*	शासन पद्धति
region	*रीजन*	इलाका
registration	*रजिस्ट्रेशन*	नामांकन, सूचीबद्ध
regulation	*रैगुलेशन*	रीति रिवाज, नियम
reign	*रेन*	शासन
rejoice	*रिजौइस*	आनन्द
rejoin	*रिजॉइन*	आगे जोड़ना
related	*रिलेटेड*	जुड़ा हुआ, सम्बन्धित
relation	*रिलेशन*	सम्बन्ध
relationship	*रिलेशनशिप*	सम्बन्ध
relative	*रिलेटिव*	सम्बन्धी
relax	*रिलैक्स*	आराम
release	*रिलीज*	छोड़ देना
relegate	*रैलिगेट*	बहिष्कार करना, देश निकाला
relevance	*रेलेवैन्स*	प्रासंगिकता
relic	*रैलिक*	अवशेष
relieve	*रिलीव*	राहत
religious	*रिलिजस*	धार्मिक
reluctantly	*रिलक्टैण्टली*	अनिच्छा से
remain	*रिमेन*	रहना, बच जाना
remark	*रिमार्क*	टिप्पणी
remarkable	*रिमार्कबल*	असाधारण, विशिष्ट

English	Pronunciation	Meaning
remedy	रैमैडी	इलाज, उपाय
remember	रिमैम्बर	याद करना
remind	रिमाइण्ड	पुनः याद दिलाना
remorse	रिमोर्स	पश्चाताप, दुःख, विपत्ति
remote	रिमोट	दूरस्थ
remove	रिमूव	हटाओ, दूर करो
rend	रैण्ड	फाड़ देना
render	रैन्डर	बना देना
renew	रिन्यू	तरोताजा करना, नवीकृत करना
repairing	रिपेयरिंग	मरम्मत
repeat	रिपीट	दोहराना
replace	रिप्लेस	स्थान पर रखना
reply	रिप्लाई	जवाब
report	रिर्पोट	सूचना देना
represent	रिप्रेजैण्ट	प्रतिनिधित्व करना
repute	रिप्यूट	ख्याति
requisite	रैक्विजिट	आवश्यक
rescue	रैसक्यू	बचाना, रक्षा करना
research	रिसर्च	शोध, अनुसन्धान
resemble	रिजैम्बल	समान होना
resident	रैजिडेण्ट	निवासी
resign	रिजाईन	त्यागना
resolute	रैजलूट	दृढ़
resolve	रिजौल्व	तय करना
resource	रिसोर्स	संसाधन
respect	रैसपैक्ट	आदर
rest	रैस्ट	बचे हुए, बाकी, शेष बचा
restore	रिस्टोर	पुनः स्थापित करना
restrain	रिस्ट्रेन	रोकना
resume	रिज्यूम	दोबारा शुरू करना
retaliate	रिटैलिऐट	चुकाना, प्रतिकार करना
return	रिटर्न	लौटना
revenge	रवैंज	बदला
reverie	रैवरी	दिवास्वप्न, दिन का सपना
revive	रिवाईव	पुनर्जीवित करना
revolt	रिवॉल्ट	क्रान्ति, आन्दोलन

English	Pronunciation	Meaning
revolver	*रिवॉल्वर*	पिस्तौल
reward	*रिवार्ड*	ईनाम
rich	*रिच*	अमीर
rider	*राईडर*	सवार
ridicule	*रिडिक्यूल*	मखौल, उपहास
right time	*राइट टाइम*	उचित समय
right	*राइट*	अधिकार
rigorous	*रिगरस*	कठिन
ring	*रिंग*	अँगूठी
rise	*राइज*	उदय
risk	*रिस्क*	खतरा
rites	*राइट्स*	रिवाज
ritual	*रिचूअल*	धार्मिक अनुष्ठान या कृत्य
roar	*रोअर*	दहाड़ना
roast	*रोस्ट*	भूनना
rob	*रॉब*	लूटना
rock	*रॉक*	चट्टान
roll	*रॉल*	लुढ़कना
roof	*रूफ*	छत
root	*रूट*	जड़
rope	*रोप*	रस्सी
rotate	*रोटेट*	धुरी पर घूमना
routine	*रूटीन*	दिनचर्या
row	*रो*	पंक्ति, लाइन, कतार
royal	*रॉयल*	शाही
rub	*रब*	रगड़, घिसना
rude	*रूड*	निर्दयी, गँवार
ruffian	*रफियन*	उपद्रवी, बदमाश
ruin	*रूईन*	बर्बाद करना
rule	*रूल*	शासन करना, राज्य करना
ruler	*रूलर*	शासक
run	*रन*	दौड़ना
rural	*रूरल*	देहात
rush	*रश*	दौड़कर जाना
rush out	*रश आउट*	भाग जाना, छापना
rustle	*रसल*	सरसराहट

English	Pronunciation	Meaning
sack	सैक	बोरा, झोला
sacred	सेकर्ड	पवित्र
saddle	सैडल	घोड़े की काठी
sad	सैड	उदास
safe	सेफ	सुरक्षित
safety	सेफ्टी	सुरक्षा
sage	सेज	साधु, महात्मा
sailor	सेलर	नाविक, जल वाहनों पर कार्य करने वाले
saloon	सैलून	जहाज़ पर सार्वजनिक उपयोग का कमरा
salt	साल्ट	नमक
salutation	सेल्यूटेशन	अभिवादन
salvation	साल्वेशन	मुक्ति
samurai	समुराई	जापान का क्षत्रिय
sanctuary	सैंक्चुरी	पक्षी विहार
sanitation	सैनिटेशन	सफाई का प्रबन्ध
satan	सेटन	शैतान
satchel	सैचल	चमड़े की थैली, छोटा थैला
satisfied	सेटिसफाइड	सन्तुष्ट
saucers	सॉसर्स	तश्तरियाँ
savage	सैवेज	जंगली, असभ्य लोग
save	सेव	बचाना
saving	सेविंग	बचत
saw	सॉ	आरा
scarcely	स्कैर्सली	मुश्किल से
scarcity	स्कैरसिटी	कमी
scented	सेंटिड	सुगन्धित
scepticism	स्केप्टीसिस्म	सन्देह करने की आदत
schedule	शेड्यूल	कार्यक्रम
scholar	स्कॉलर	विद्यार्थी
scoff	स्कॉफ	मजाक उड़ाना
scope	स्कोप	गुंजाइश
scorn	स्कॉर्न	तिरस्कार
scold	स्कोल्ड	झिड़कना, डाटना
scramble	स्क्रैम्बल	दुबकना
scratch	स्क्रैच	खरोंचना
scream	स्क्रीम	चिल्लाना

English	Pronunciation	Meaning
scripture	*स्क्रिपचर*	धार्मिक ग्रन्थ
scruple	*स्क्रपल*	नैतिक विचार, संकोच
scrupulous	*सक्रूप्युलस*	ईमानदार, सावधान
sculpture	*स्कल्पचर*	मूर्तिकला
sea cost	*सी कास्ट*	समुद्री किनारा
seal	*सील*	मुहर लगाना
sealing	*सीलिंग*	सीलबन्दी, मुद्रांकन
search	*सर्च*	तलाश
season	*सीजन*	ऋतु
seat	*सीट*	स्थान
second	*सैकण्ड*	सैकण्ड (समय की इकाई)
secret	*सीक्रेट*	रहस्य
section	*सैक्शन*	वर्ग
sector	*सैक्टर*	क्षेत्र, खण्ड, भाग
security	*सिक्यूरिटी*	जमानत, प्रतिभूति
seed	*सीड*	बीज
seek	*सीक*	खोजना
seem	*सीम*	प्रतीत होना
seep	*सीप*	रिसन
seize	*सीज*	जब्त करना
self-control	*सैल्फ-कण्ट्रोल*	आत्म-नियन्त्रण
selfless	*सैल्फलैस*	निस्वार्थ
senior officer	*सीनीयर ऑफिसर*	वरिष्ठ अधिकारी
sensational	*सैंशेसनल*	संवेदनशील, सनसनीखेज
sensitive	*सैंसीटिव*	संवेदनशील
sentence	*सैंटैंस*	वाक्य
sentence to death	*सैंटैंस टू डैथ*	मृत्युदण्ड देना
separately	*सैपरेटली*	अलग से
serious	*सीरियस*	गम्भीर
servant	*सर्वैण्ट*	नौकर
serve	*सर्व*	पूर्ति करना, परोसना
service	*सर्विस*	सेवा
session	*सैशन*	सत्र, दौर
set down	*सैट डाउन*	नियुक्त करना, ठहराना
settle	*सैटल*	बैठना, बसना
settlement	*सैटलमैण्ट*	बस्ती, व्यवस्था

English	Pronunciation	Meaning
several	*सेवरल*	कई
severe fever	*सीवीयर फीवर*	तेज बुखार
severely	*सीवीयरली*	गम्भीर रूप से
sewage	*सीवेज*	गन्दा पानी
sewing	*स्वीइंग*	सिलने का कार्य
shade	*शेड*	परिछाया
shady	*शेडी*	छायादार
shake	*शेक*	हिलाया
share	*शेयर*	हिस्सा
sharp	*शार्प*	नुकीले
sharpening	*शार्पनिंग*	तेज करना
shatter	*शैटर*	बिखरना
sheath	*शीथ*	म्यान
shed	*शैड*	छप्पर, छाया
sheer	*शीयर*	निरा, शुद्ध
shelter	*शैल्टर*	शरण
sheltering	*शैल्टेरिंग*	आश्रय देने वाला
shepherd	*शैफर्ड*	चरवाहा
shield	*शील्ड*	ढाल
shine	*शाईन*	चमकना
shining	*शाइनिंग*	चमकीली
shiny	*शाइनी*	चमकदार
shiver	*शिवर*	कंपकंपाना
shock	*शॉक*	सदमा
shook	*शुक*	हिलाया
shortcoming	*शॉर्टकमिंग*	कमियाँ
shortage	*शॉरटेज*	कमी
shot	*शाउट*	मारा
shoulder	*शोल्डर*	कन्धा
shout	*शाउट*	चिल्लाना
shovel	*शोवल*	बेलचा
show off	*शो ऑफ*	दिखावा
show	*शो*	दिखाना
shower	*शॉवर*	बौछार, बरसाना
shriek	*श्रीक*	चिल्लाना
shrill voice	*श्रिल वॉयर*	तेज आवाज

English	Pronunciation	Meaning
shrug	*श्रग*	कन्धा उचकाना
shun	*शन*	त्याग देना, किसी चीज से दूर रहना
shut	*शट*	बन्द करना
shuttle	*शटल*	घूमना, जाना, तकली
shyness	*शाईनैस*	शर्म
sick	*सिक*	बीमार
sigh	*साई*	आह भरना
sight	*साइट*	दृष्टि
sign	*साइन*	हस्ताक्षर करना, चिह्न
significant	*सिगनिफिकैण्ट*	महत्त्वपूर्ण
silence	*साइलैन्स*	चुप्पी
silent	*साइलैण्ट*	शान्त
silken	*सिल्किन*	महीन रेशे
silly way	*सिलि वे*	अल्पबुद्धि
simple	*सिम्पल*	साधारण
sin	*सिन*	पाप
since	*सिन्स*	चूँकि
sincerity	*सिनसियरिटी*	ईमानदार, निष्ठावान
single	*सिंगल*	एक
sink	*सिंक*	उदास
sinner	*सिनर*	पापी
situate	*सिचुएट*	स्थित
situation	*सिचुएशन*	परिस्थिति
skilful	*स्किलफुल*	कुशल
skin off	*स्किन ऑफ*	उधेड़ देता
skin	*स्किन*	खाल, चमड़ी
slack	*स्लैक*	धीमा, मन्द
slave	*स्लेव*	दास, गुलाम
slay	*स्ले*	मारना
sleep	*स्लीप*	सोना
slid	*स्लिड*	खिसकाया, फिसलना
slip	*स्लिप*	फिसलना
slippery	*स्लिपरी*	फिसलन
slogan	*स्लोगन*	नारा
slope	*स्लोप*	ढलान
slum	*स्लम*	झुग्गी-झोंपड़ी वाला क्षेत्र

English	Pronunciation	Meaning
small pox	स्मॉल पॉक्स	चेचक
small	स्माल	छोटा
smile	स्माइल	मुस्कराना
smoke	स्मोक	धुआँ
smothered	स्मूथर्ड	घुटा हुआ, दबा हुआ
snail	स्नेल	घोंघा
sneer	स्नीर	उपहास करना
sneezing	स्नीजिंग	छींक
snooze	स्नूज	ऊँघना
so far	सो फार	अब तक
sob	सोब	सिसकी
softly	सोफ्ट्ली	मधुरता से
soil	सॉइल	मिट्टी
soldier	सोल्जर	सैनिक
solitary	सॉलिटरी	अकेला
solve	सॉल्व	हल करना
someone	समवन	कोई
something	समथिंग	कुछ
somewhere	समव्हेअर	कहीं किसी स्थान पर
soothe	सूथ	पीड़ा को कम करना
sort	सॉर्ट	प्रकार
soul	सोल	आत्मा
source	सॉर्स	स्रोत
souvenir	सॉवनीर	यादगार भेंट
sow	सोअ्	बीज बोना
spade	स्पेड	फावड़ा
span	स्पान	फैलावा, अवधि
spare	स्पेयर	अधिक
sparkle	स्पार्कल	चकमता, प्रफुल्लित रहना
sparrow	स्पैरो	गोरैया
speak	स्पीक	बोलना
spear	स्पीर	भाला
special	स्पेशल	विशेष
speculate	स्पैकुलेट	कल्पना करना, अन्दाज़ लगाना
spell bound	स्पैल बाउण्ड	मन्त्र मुग्ध
spend	स्पैण्ड	बिताना

English	Pronunciation	Meaning
spices	*स्पाईसेज*	मिर्च मसाला
spider	*स्पाइडर*	मकड़ी
spine	*स्पाईन*	रीढ़
spirit	*स्पिरिट*	आत्मा
splinter	*स्प्लिन्टर्स*	पतली पट्टी, चीरना
speak	*स्पीक*	बोलना
spoonfuls	*स्पूनफल्स*	चम्मच भर
sport	*स्पॉर्ट*	खेल
spot	*स्पोट*	जगह, स्थान, चिह्नित करना
spotted	*स्पॉटिड*	चित्तीदार, चितकबरा
spout	*स्पाउट*	टोंटा
spring up	*स्प्रिंग अप*	निर्माण होना, उगना
sprawl	*स्प्रॉल*	पसरना, धाराशाई होना
spread	*स्प्रैड*	फैला
squash	*स्क्वैश*	पीसना, निचोड़ना
squeamish	*स्कीमिश*	नकचढ़ा, अतिसंवेदनशील
stack	*स्टैक*	ढेर
starch	*स्टार्च*	पेड़ों से पैदा होने वाला एक पदार्थ
start	*स्टार्ट*	शुरू होना
starve	*स्टार्व*	भूखे मरना
state	*स्टेट*	राजकीय
statue	*स्टेच्यू*	मूर्ति
stature	*स्टेचर*	कद
status	*स्टेटस*	सामाजिक स्थिति
stay	*स्टे*	रुकना
steadily	*स्टैडिली*	लगातार रूप से
steady	*स्टैडि*	दृढ़, लगातार
steal	*स्टील*	चुराना
steam engine	*स्टीम इन्जिन*	भाप का इंजिन
steam	*स्टीम*	भाप
stenography	*स्टेनोग्राफी*	आशुलिपि
step father	*स्टैप फादर*	सौतेला पिता
steppes	*स्टेपीज*	घास का विशाल मैदान
stick	*स्टिक्*	लकड़ी, डण्डी
still	*स्टिल*	अब भी, अभी तक
stint	*स्टिण्ट*	कम में गुजारा करना

English	Pronunciation	Meaning
stocking	स्टॉकिंग	लम्बा जुराब या मोजा, कइट्ठा माल
stocks	स्टॉक्स	भण्डार
steal	स्टील	चुराना
stone dead	स्टोन डेड	पत्थर की तरह
stood	स्टूड	खड़े हुए
stop	स्टॉप	रुकवाना
storey	स्टोरी	मंजिल, माले
storm	स्टॉर्म	तूफान
straight up	स्ट्रेट अप	सीधा ऊपर
strange	स्ट्रेन्ज	अजीब
stranger	स्ट्रेन्जर	अजनबी
strategy	स्ट्रैटेजी	विधा, रणनीति
stream	स्ट्रीम	नदी
stress	स्ट्रैस	दबाव
street	स्ट्रीट	गली
stern glance	स्टर्न ग्लान्स	कठोर निगाहें
strength	स्ट्रैन्थ	शक्ति
stretch	स्ट्रैच	फैलाना
strict	स्ट्रीक्ट	कठोर
strike	स्ट्राइक	टकराना
string	स्ट्रिंग	तार
stripe	स्ट्राइप	धारी
strive	स्ट्राइव	संघर्ष
stroke	स्ट्रोक	प्रहार करना
struck	स्ट्रक	टकराना
strut	स्ट्रट	इठलाना
student	स्टूडैन्ट	छात्र
stuff	स्टफ	सामग्री
stumble	स्टम्बल	गिर पड़ना, लड़खड़ाना
stump	स्टम्प	ठूँठ
stunned	स्टन्ड	सकते में आना, भौंचक्का
submerge	सबमर्ज	शामिल होना, डूबना
submit	सबमिट्	जमा कराना
subordinate	सबओर्डीनेट	अधीनस्थ
substance	सब्सटैन्स	तत्त्व
succeed	सक्सीड	सफल होना

English	Pronunciation	Meaning
sudden	सडन	अचानक
suffer	सफर	पीड़ा
sufficient	सफीशियेन्ट	पर्याप्त
suitable	सूटेबल	उपयुंक्त, लायक
sum	सम	पैसा, जोड़
summer	समर	गर्मियाँ
summit	समिंट	शिखर
summon	समन	बुलवाना
sum	सम	धन, मात्रा
sunbath	सनबाथ	धूप स्नान
sunset	सनसैट	सूर्यास्त
superb	सुपर्ब	उत्कृष्ट
superficial	सुपरफिशीयल	ऊपरी सतही
superstition	सुपरस्टीशन	अन्धविश्वास
suppliant	सप्लायन्ट	शरणागत, प्रार्थी
supply	सप्लाई	आपूर्ति, सम्भरण
support	सपोर्ट	सहारा, सहयोग
suppose	सपोज	मानना, कल्पना करना
supreme being	सुपरीम बींइग	भगवान, परमात्मा
sure	स्योर	विश्वस्त
surface	सरफेस	धरातल, पर्त
surplus	सरप्लस	अतिरिक्त, अधिशेष
surprise	सरप्राइज	आश्चर्य
surroundings	सराउन्डिंगस	चारों तरफ, घेराव
survival	सर्वाइवल	उत्तरजीविता, जीवित बने रहना
suspect	ससपैक्ट	सदिंग्ध
suspicion	ससपीशन	शक
sustaine	ससटेन	सम्भालना, जारी रखना
swagger	स्वैगर	इठलाकर चलना, बड़बड़ाना
swan	स्वान	हंस, राजहंस
swear	स्वैर	कसम खाना
sweep	स्वीप	सफाई
sweeping	स्वीपिंग	बुहार रहा, अंधाधुंध
swell	स्वैल	फूल जाना
swift	स्विफ्ट	तेज
swineherd	स्वाइनहर्ड	सूअर पालने वाला

English	Pronunciation	Meaning
swing	स्विंग	झुलाना
sword	सोर्ड	तलवार
sworn	स्वोर्न	कसम ली थी
symbol	सिम्बल	प्रतीक
symptom	सिम्पटम	लक्षण
system	सिस्टम	व्यवस्था, प्रथा
tackle	टैकल	समाधान करना, सम्भालना
tail	टेल	पूँछ
take up	टेक अप	हाथ में लेना, दिलचस्पी लेना
taken aback	टेकन एबैक	चकित कर देना
tale	टेल	कहानी
talk about	टॉक अबाउट	विचार करना
tame	टेम	पालना
tangible	टैंजिबल	वास्तविक ठोस
tanned	टैन्ड	धूप से चमड़ी का तांबे जैसा रंग हो जाना
task	टास्क	कार्य
tawny	टॉनी	भूरा
taxation	टैक्सेशन	कर निर्धारण
tears	टियर्स	आँसू
tease	टीज	छेड़ना, सताना
technique	टैकनीक	प्रणाली, क्रियाविधि
tell	टेल	कहना, बोलना
temper	टैम्पर	सन्तुलन
temperature	टैम्परेचर	तापमान
temple	टैम्पल	मन्दिर
tempt	टैम्प्ट	लालच देना
tend	टेन्ड	किसी दिशा में चलना, झुकना
term	टर्म	शर्त, हिदायत
terrible	टैरिबल	भयानक
territory	टैरीटोरी	क्षेत्र या इलाका
therefore	देयरफोर	इसलिए
thermometer	थर्मामीटर	तापमापी
thick forest	थिक फॉरेस्ट	गहन जंगल
think	थिंक	सोचना
thoroughly	थॉरोली	भली प्रकार से
thought	थॉट	विचार, सोचा

English	Pronunciation	Meaning
thread	थ्रैड	जनेऊ, धागा
threaten	थ्रैटन	धमकी देना, संकट में डालना
throw	थ्रो	फेंकना
thrift	थ्रिफ्ट	किफायत
throat	थ्रोट	गला
throne	थ्रोन	सिंहासन, गद्दी
through	थ्रू	द्वारा, आर-पार
thunder	थन्डर	गरजना
thus	दस	इस प्रकार
tide	टाइड	ज्वार
tight	टाइट	सख्त
timber	टिम्बर	इमारती लकड़ी
time	टाइम	समय
tiny	टाइनी	छोटा
tire	टायर	थकना
title	टाइटल	पदवी
toils	टॉइल्स	मेहनत करना
tomorrow	टुमारो	कल
tonight	टुनाइट	आज रात्रि
tool	टूल	उपकरण, औजार
torment	टॉर्मेन्ट	तड़प होना, सताना
torture	टॉर्चर	प्रताड़ित करना
totally	टोटली	सम्पूर्ण
tourist	टूरिस्ट	पर्यटक
towards	टूर्वाडस	की तरफ
townsfollk	टाउनसफॉक	शहरवासी
trace	ट्रेस	पीछा करना, खोजना
track	ट्रैक	रास्ता
tread back	ट्रैड बैक	पीछे चलना
tradition	ट्रैडिशन	परम्परा
traffic	ट्रैफिक	यातायात
train	ट्रेन	प्रशिक्षित करना
training center	ट्रेनिंग सेन्टर	प्रशिक्षण केन्द्र
tramp	ट्रेम्प	कदमों की आवाज
trample	ट्रैम्पल	कुचलना
transfer	ट्राँसफर	परिवर्तित करना

English	Pronunciation	Meaning
translate	ट्रान्सलेट	अनुवाद करना
transparent	ट्रान्सपेरैन्ट	पारदर्शक
travel	ट्रेवल	यात्रा
traveller	ट्रैवलर	यात्री
treacherous	ट्रेचरस	धोखेबाज
tread	ट्रैड	चलना, पैर रखना
treasure	ट्रेजर	खजाना
treat	ट्रीट	व्यवहार करना
treatise	ट्रीटिस	शोध प्रबन्ध
treaty	ट्रीटि	सन्धि
tremble	ट्रैम्बिल	काँपना
tremendous	ट्रिमैन्डस	विशाल, जबरदस्त
trial	ट्रायल	परीक्षा, जाँच
tribal	ट्राइबल	जनजाति
tribulation	ट्रिब्यूलेशन	दु:ख
trick	ट्रिक्स	चालाकियाँ
try	ट्राइ	कोशिश करना
trifle	ट्राईफल	मामूली बात
trip	ट्रिप	यात्रा
trips	ट्रिप्स	फेरे
triumph	ट्रायम्फ	विजेता
trivial	ट्रीवियल	तुच्छ
trouble	ट्रबल	परेशानी
trousers	ट्राउजर्स	पाजामा
trumpet	ट्रमपेट	चिंघाड़ना, ढिंढोरा पीटना
trunk	ट्रंक	सूँड
trunk	ट्रंक	तना
trust	ट्रस्ट	विश्वास
tumble	टम्बल	लड़खड़ा कर गिरना
turban	टरबन	साफा
turbulent	टर्बुलैंट	आन्दोलित, उग्र, अशान्त
turtle dove	टर्टिल डव	सफेद कबूतर, सफेद फाख्ता
twice	ट्वाइस	दोगुना
twinkle	टिंवकल	पलक झपकाना
twisted brook	टिवस्टिड ब्रुक	घुमावदार छोटा नाला
tying	टाइंग	बन्धन

English	Pronunciation	Meaning
typical	*टिपिकल*	प्रतिनिधिक
ugly	*अगली*	भद्दा,कुरूप
unashamed	*अनअशेम्ड*	बेशर्म
unbelievable	*अनबिलिवेबल*	अविश्वसनीय
uncanny	*अनकैनी*	अद्भुत, विलक्षण
unconscious	*अनकॉनृशियस*	अचेतना
under rate	*अण्डर रेट*	कम मूल्य आँकना
undergo	*अण्डरगो*	सामना करना, झेलना
understand	*अण्डरस्टैण्ड*	समझना
undivided	*अनडिवाइडिड*	अविभाजित
undoubtedly	*अनडाउटिडली*	निःसन्देह
uneducated	*अनएजूकेटेड*	बिना पढ़े लोग
unexpected	*अनएक्सपैक्टेड*	अप्रत्याशित
unfortunate	*अनफॉरचुनेट*	दुर्भाग्यशाली
unfulfilled	*अनफुलफिल्ड*	अधूरी
uniform	*यूनिफॉर्म*	सैनिक वर्दी
union	*यूनियन*	संघ
unity	*यूनिटी*	एकता
universe	*यूनिवर्स*	विश्व, सृष्टि
university	*यूनिवर्सिटी*	विश्वविद्यालय
unless	*अनलैस*	यदि नहीं
unlucky	*अनलकी*	अभागा
unprofitable	*अनप्रौफिटेबिल*	बिना लाभ के
unreasonable	*अनरीजनेबल*	असंगत, बेतुका
unreasoning	*अनरीजनिंग*	विवेक शून्य
unrecognise	*अनरिकगनाईज*	अनजाना
unsympathetic	*अनसिम्पेथैटिक*	असहानुभूति
unusual	*अनयुज्वल*	असामान्य
upside down	*अपसाइड डाउन*	अलट-पलट करना
upstairs	*अपस्टेयर्स*	सीढ़ियों से ऊपर जाना, ऊपरी मंजिल
urge	*अर्ज*	विनती
used to	*यूज्ड टू*	अभ्यस्त होना
useful	*यूजफुल*	उपयोगी
usual	*युजअल*	अक्सर
usually	*यूजुअली*	सामान्यतः, साधारण
utter	*अटर*	पुकराना, बोलना

English	Pronunciation	Meaning
vacancy	*वकैंसी*	रिक्त पद
vacation	*वेकेशन*	छुट्‌टी
vain	*वेन*	व्यर्थ
vain	*वेन*	दंभी, गर्वीला
valley	*वैली*	घाटी
valuable	*वेल्यूबिल*	कीमती
vanish	*वैनिश*	खत्म हो जाना, लुप्त होना
vapour	*वेपर*	भाप
variety	*वैरायटी*	किस्म
various	*वेरियस*	विभिन्न
vase	*वेस*	फूलदान
vexed	*वैक्स्ड*	बेचैन, विवादास्पद
vehicle	*व्हीकल*	वाहन
veil	*वेल*	पर्दा, बुर्का
velvet	*वैल्वेट*	मखमल
venture	*वैन्चर*	साहस
vermin	*वरमिन*	फसलों को नष्ट करने वाला प्राणी
vessel	*वैसल*	जहाज
vice	*वाइस*	व्यसन, अवगुण, ऐब
victim	*विक्टिम*	शिकार
vigour	*विगर*	जोश
virtue	*वरच्यू*	सद्‌गुण
visitor	*विजिटर*	देखने आने वाला, पर्यटक
visualise	*विज्युलाइज*	कल्पना करना
voice	*वॉयस*	आवाज
volume	*वॉल्यूम*	आकार या मात्रा
voluntarily	*वॉलन्टैरिली*	स्वेच्छापूर्वक
voter list	*वोटर लिस्ट*	मतदाता सूची
vouch	*वाउच*	प्रमाणित करना
voyage	*वॉयेज*	जलयात्रा, समुद्री यात्रा
wages	*वेजेज*	मजदूरी
wail	*वेल*	विलाप करना
wait	*वेट*	इन्तजार करना
waiting on table	*वेटिंग ऑन टेबिल*	बैरे का कार्य करना
waiting room	*वेटिंग रूम*	प्रतीक्षालय
wake	*वेक*	जगाना

English	Pronunciation	Meaning
wallet	*वैलेट*	थैली
wall	*वॉल*	दीवार
wander	*वाण्डर*	भटकना, घूमना
warmly	*वार्मली*	गर्मजोशी से
warn	*वार्न*	चेतावनी देना
warrior	*वॉरियर*	योद्धा
wastage	*वेस्टेज*	क्षय, छीजन, क्षति, अपव्यय
waste	*वेस्ट*	कूड़ा-कर्कट, अवशिष्ट
watch	*वाच*	निगरानी
water harvesting	*वाटर हार्वेस्टिंग*	बावड़ी, तालाब आदि में पानी इकट्ठा करके सुरक्षित कर लेना
watermelon	*वाटरमेलन*	तरबूज
wave	*वेव*	हिलाना, तरंग
way	*वे*	रास्ता
wealth	*वैल्थ*	सम्पत्ति, दौलत
weapon	*वैपन*	हथियार
wear	*वियर*	पहनना
weary	*वियरी*	थका हुआ
weaver	*वीवर*	बुनकर
wedding	*वैडिंग*	शादी
wee	*वी*	छोटा
weeding	*वीडिंग*	घास-पात हटाना, निराई करना
weeds	*वीड्स*	खरपतवार, घास-फूस
weekend	*वीकैण्ड*	सप्ताह का अन्त
weird	*वीयर्ड*	अलौकिक, भयानक
weights	*वेट्स*	बाट
welcome	*वैलकम*	स्वागत करना
welfare	*वैलफेयर*	भलाई
whenever	*व्हैनएवर*	जब कभी
wherever	*व्हेअयरएवर*	जहाँ कहीं
while	*व्हाइल*	जबकि
whimsical	*व्हीमसिकल*	सनकी
whip	*व्हिप*	चाबुक
whirlpool	*व्हर्लपूल*	भँवर, जलावर्त
whirling	*व्हर्लइंग*	गोल-गोल घूमते हुए
whiskers	*विस्कर्स*	मूँछ के बाल

English	Pronunciation	Meaning
whisper	*व्हिसपर*	कानाफूसी करना
white elephant	*वाइट ऐलीफेन्ट*	सफेद हाथी, खर्चीले साधन
white wash	*व्हाइट वाश*	सफेदी करना, जबर्दस्त पराजय
white	*व्हाइट*	सफेद
whole day	*होल डे*	पूरा दिन
whole	*होल*	पूरा का पूरा
wholesome	*होलसम*	पुष्टिकर
whooping	*व्हूपिंग*	कुकुर
wicked	*विक्ड*	शैतान, दुष्ट
wide	*वाइड*	चौड़ा
widow	*विडो*	विधवा
wife	*वाइफ*	पत्नी
wild	*वाइल्ड*	जंगली
will	*विल*	इच्छा
willing	*विलिंग*	इच्छुक
windfall	*विण्डफाल*	हवा से उड़कर आने वाला फल
winding	*वाईंडिंग*	चारों ओर से घेरना
window	*विन्डो*	खिड़की
windowsill	*विन्डोसिल*	खिड़की का धरातल
wine	*वाइन*	शराब
wired	*वाइर्ड*	तार युक्त, उत्तेजित
wisdom	*विजडम*	बुद्धिमानी
wise	*वाईज*	बुद्धिमान
wish	*विश*	कामना
withdraw	*विदड्रॉ*	वापस खींच लेना
without	*विदाऊट*	बिना
witness	*विटनैस*	गवाह
wonder	*वन्डर*	आश्चर्य
woodcutter	*वुडकटर*	लकड़हारा
wood work	*वुड वर्क*	लकड़ी का काम
wool	*वूल*	ऊन
work	*वर्क*	कार्य
worker	*वर्कर्स*	श्रमिक
worm	*वर्म*	कीड़ा, कसमसाना
worn out	*वोर्न आऊट*	फटना, घिसा-पिटा
worried	*वरीड*	चिन्तित

English	Pronunciation	Meaning
worry	*वरी*	चिन्ता
worst	*वर्स्ट*	सबसे खराब
worth	*वर्थ*	योग्यता, अच्छाई
worthwhile	*वर्थव्हाईल*	मूल्यवान
worthy	*वर्दी*	योग्य, बहुमूल्य
wrap	*रैप*	लपेटना
wrathfully	*रैथफुली*	घृणा से
wrestler	*रैसलर*	पहलवान
wrinkled	*रिंन्क्ल्ड*	सिकुड़ा, हुआ
wrong	*रोंग*	गलत
yankee	*यांकी*	अमेरिका के निवासी
yard	*यार्ड*	गज
yawning	*यॉनिंग*	उबासी
yell	*यैल*	चिल्लाना
yield	*यील्ड*	झुकना, समर्पण करना
yield	*यील्ड*	उत्पन्न होना
yoke	*योक*	जूड़ा (लड़की का)
young ones	*यंग वन्स*	छोटे बच्चे
zest	*जैस्ट*	उमंग
zoo	*जू*	चिड़िया घर

Name of Parts of the Body

S.No.	English	Pronunciation	Meaning
1.	Abdomen	*अब्डोमैन*	पेट
2.	Ankle	*एंकल*	टखना
3.	Anus	*ऐनस*	गुदा
4.	Arm	*आर्म*	भुजा, बाँह
5.	Arm pit	*आर्म-पिट*	काँख
6.	Artery	*आर्टरी*	धमनी
7.	Back	*बैक*	पीठ
8.	Backbone	*बैक-बोन*	रीढ़ की हड्डी
9.	Beard	*बियर्ड*	दाढ़ी
10.	Beak	*बीक*	चोंच
11.	Belly	*बैली*	उदर
12.	Bile	*बाइल*	पित्त

S.No.	English	Pronunciation	Meaning
13.	Bladder	ब्लैडर	मूत्राशय
14.	Blood	ब्लड	खून
15.	Bone	बोन	हड्डी
16.	Brain	ब्रेन	मस्तिष्क
17.	Breast	ब्रैस्ट	छाती
18.	Buttock	बटक	नितम्ब
19.	Breath	ब्रैथ	साँस
20.	Calf	काफ	पिण्डली
21.	Cartilage	कार्टिलेज	उपास्थि
22.	Cheek	चीक	गाल
23.	Claw	क्लॉ	पंजा
24.	Chest	चैस्ट	पुरुष की छाती
25.	Chin	चिन	ठोड़ी
26.	Collar bone	कॉलर-बोन	हँसली की हड्डी
27.	Ear	ईयर	कान
28.	Ear-drum	ईयर-ड्रम	कर्ण पटल
29.	Elbow	एल्बो	कोहनी
30.	Embyro	एम्ब्रिओ	भ्रूण
31.	Eye	आई	आँख
32.	Eye-ball	आई-बॉल	आँख की पु
33.	Eye-brow	आई-ब्रो	भौंह
34.	Eye-lid	आई-लिड	पलक
35.	Eye-lash	आई-लैश	बरौनी
36.	Face	फेस	चेहरा
37.	Feather	फेदर	पर
38.	Finger	फिंगर	अँगुली
39.	Fist	फिस्ट	मुट्ठी
40.	Fin	फिन	मछली का
41.	Foot	फुट	पैर, पाँव
42.	Forehead	फोरहैड	माथा, लल
43.	Fang	फैंग	सर्प का वि त दँत
44.	Flesh	फ्लैश	माँस
45.	Gum	गम	मसूढ़ा
46.	Groin	ग्रोइन	पेट और ज के बीच का अंग
47.	Hair	हेयर	बाल
48.	Hand	हैण्ड	हाथ

S.No.	English	Pronunciation	Meaning
49.	Head	हैड	सिर
50.	Hood	हूड	फन
51.	Heart	हार्ट	दिल, हृदय
52.	Hoof	हूफ	खुर
53.	Heel	हील	एड़ी
54.	Horn	हॉर्न	सींग
55.	Index-finger	इन्डैक्स-फिंगर	तर्जनी
56.	Intestine	इन्टैस्टाइन	आँत
57.	Jaw	जॉ	जबड़ा
58.	Joint	ज्वाइन्ट	जोड़
59.	Kidney	किडनी	गुर्दा
60.	Knee	नी	घुटना
61.	Lap	लैप	गोद
62.	Leg	लैग	टाँग
63.	Loin	लॉइन	कमर
64.	Lip	लिप	होंठ, अधर
65.	Little finger	लिटिल फिंगर	छोटी अँगुली
66.	Liver	लिवर	जिगर
67.	Lung	लंग	फेफड़ा
68.	Marrow	मैरो	मज्जा
69.	Middle finger	मिडल-फिंगर	मध्यमा
70.	Mole	मोल	मस्सा
71.	Molar teeth	मोलर टीथ	दाढ़
72.	Moustache	मुस्टॉश	मूँछ
73.	Mouth	माऊथ	मुँह
74.	Muscle	मसल	माँसपेशी
75.	Nail	नेल	नाखून
76.	Navel	नेवल	नाभि
77.	Neck	नेक	गर्दन
78.	Nerve	नर्व	रग
79.	Nipple	निपल	चुचुक
80.	Nose	नोज	नाक
81.	Nostril	नॉस्ट्रिल	नासिका छिद्र
82.	Orbit	ऑरबिट	आँख का गड्ढा
83.	Palate	पैलेट	तालू
84.	Palm	पॉम	हथेली

S.No.	English	Pronunciation	Meaning
85.	Plume	प्लूम	पंख
86.	Penis	पेनिस	शिश्न
87.	Phalange	फ्लैंज	अँगूली का पोर
88.	Pores	पोर्स	रोमकूप
89.	Phlegm	फ्लेम	कफ
90.	Pulse	पल्स	नाड़ी
91.	Pupil	प्युपिल	आँख की पुतली
92.	Pus	पस	पीप
93.	Rib	रिब	पसली
94.	Ring finger	रिंग फिंगर	अनामिका
95.	Rump	रम्प	चूतड़
96.	Saliva	सलाईवा	लार
97.	Wrist	रिस्ट	कलाई
98.	Shoulder	शोल्डर	कन्धा
99.	Skin	स्किन	त्वचा
100.	Skull	स्कल	खोपड़ी
101.	Snout	स्नाउट	थूथनी
102.	Sole	सोल	पैर का तलवा
103.	Soul	सोल	आत्मा
104.	Spleen	स्पलीन	तिल्ली
105.	Sting	स्टिग	डंक
106.	Stomach	स्टॉमक	पेट
107.	Spittle	स्पिटल	थूक
108.	Slough	स्लॉफ	सर्प की केंचुली
109.	Stool	स्टूल	मल
110.	Sweat	स्वैट	पसीना
111.	Teat	टीट	स्तन
112.	Temple	टैम्पल	कनपटी
113.	Tail	टेल	पूँछ
114.	Thigh	थाइ	जाँघ
115.	Throat	थ्रोट	गला, कण्ठ
116.	Thumb	थम्ब	अँगूठा
117.	Toe	टो	पाँव का पंजा
118.	Tongue	टंग	जीभ
119.	Tooth	टुथ	दाँत
120.	Trachea	ट्रैकिया	श्वास नली

S.No.	English	Pronunciation	Meaning
121.	Trunk	ट्रंक	धड़
122.	Tears	टियर्स	आँसू
123.	Tonsil	टॉन्सिल	गले की घाटी
124.	Testicles	टैस्टिकल्स	अंडकोश
125.	Udders	अडर्स	पशु स्तन, थन
126.	Womb	वूम	गर्भाशय
127.	Uterus	यूटिरस	गर्भाशय
128.	Waist	वेस्ट	कमर
129.	Vulva	वुलवा	योनि का भाग
130.	Urine	यूरीन	मूत्र
131.	Vagina	वेजिना	योनि
132.	Vein	वेन	नस

Name of Relations

S.No.	English	Pronunciation	Meaning
1.	Adopted daughter	एडॉप्टिड डॉटर	दत्तक पुत्री
2.	Adopted son	एडॉप्टिड सन	दत्तक पुत्र
3.	Ancestors	ऐनसैस्टर्स	पूर्वज
4.	Aunt	आन्ट	मौसी, चाची
5.	Bride	ब्राइड	दुल्हन
6.	Bridegroom	ब्राइडग्रूम	दूल्हा
7.	Brother	ब्रदर	सगा भाई
8.	Brethren	ब्रेदरन	भाई-बन्धु
9.	Brother-in-law	ब्रदर-इन-लॉ	देवर, जेठ (साला, साढ़ू)
10.	Concubine	कॉन्क्युबिन	रखैल
11.	Class-fellow	क्लास-फैलो	सहपाठी
12.	Co-wife	को-वाइफ	उप-पत्नी
13.	Student	स्टूडैंट	विद्यार्थी
14.	Client	क्लाइन्ट	मोवक्किल
15.	Customer	कस्टमर	ग्राहक
16.	Daughter	डॉटर	पुत्री
17.	Daughter-in-law	डॉटर-इन-लॉ	पुत्र-वधु
18.	Disciple	डिसाइपॅल	शिष्य
19.	Father	फादर	पिता

S.No.	English	Pronunciation	Meaning
20.	Fellow	फैलो	संगी, साथी
21.	Father-in-law	फादर-इन-लॉ	ससुर
22.	Foe	फो	शत्रु
23.	Friend	फ्रैंड	मित्र
24.	Grand-daughter	ग्राण्ड-डॉटर	पोती
25.	Grand-father	ग्रॉण्ड-फ़ादर	दादा
26.	Grand-mother	ग्रॉण्ड-मदर	दादी
27.	Grand-son	ग्रॉण्ड-सन	पोता
28.	Guest	गैस्ट	अतिथि
29.	Heir	हेअर	वारिस
30.	Husband	हसबैंड	पति
31.	Lover	लवर	प्रेमी
32.	Maternal aunt	मैटर्नल आन्ट	मामी
33.	Maternal uncle	मैटर्नल अंकल	मामा
34.	Teacher	टीचर	अध्यापक
35.	Uncle	अंकल	चाचा, मौसा
36.	Maternal sister	मैटर्नल सिस्टर	मौसी
37.	Mamma	मम्मा	अम्मा
38.	Mother	मदर	माँ
39.	Mother in law	मदर-इन-लॉ	सास
40.	Master	मास्टर	स्वामी
41.	Maid-servant	मेड-सर्वेन्ट	नौकरानी
42.	Nephew	नैफ्यू	भांजा, भतीजा
43.	Neighbour	नेबर	पड़ोसी
44.	Niece	नीस	भांजी, भतीजी
45.	Parents	पैरेन्ट्स	माता-पिता
46.	Posterity	पोसटेरिटी	वंशज
47.	Paramour	पैरामर	यार
48.	Relative	रिलेटिव	नाती-सम्बन्धी
49.	Step-brother	स्टेप-ब्रॉदर	सौतेला भाई
50.	Step-daughter	स्टैप-डॉटर	सौतेली पुत्री
51.	Step-father	स्टैप-फादर	सौतेला पिता
52.	Step-mother	स्टैप-मदर	सौतेली माँ
53.	Step-son	स्टैप-सन	सौतेला पुत्र

S.No.	English	Pronunciation	Meaning
54.	Servant	सर्वेन्ट	नौकर
55.	Sister	सिस्टर	बहन
56.	Sister-in-law	सिस्टर-इन-लॉ	भाभी, ननद
57.	Son	सन	बेटा
58.	Son-in-law	सन-इन-लॉ	दामाद
59.	Wife	वाइफ	पत्नी
60.	Cosin	कजिन	चचेरा भाई/बहन
61.	Maternal grandmother	मैटर्नल ग्रांड मदर	नानी
62.	Maternal grandfather	मैटर्नल ग्रांड फादर	नाना

Name of Ornaments and Jewels

S.No.	English	Pronunciation	Meaning
1.	Anklet	ऐंकलैट	पाजेब
2.	Armlet	आर्मलैट	बाजूबन्द
3.	Bangle	बैंगल	कड़ा (चूड़ियाँ)
4.	Belt	बैल्ट	पेटी
5.	Bracelet	ब्रेसलेट	कंगन
6.	Brooch	ब्रूच	साड़ी का काँटा
7.	Cat's eye	कैट्स आई	लहसुनिया
8.	Chain	चेन	जंजीर
9.	Clip	क्लिप	चिमटी
10.	Coral	कोरल	मूँगा
11.	Diamond	डायमण्ड	हीरा
12.	Ear stud	इयर स्टड	कान का तल्ला
13.	Emerald	एमरल्ड	पन्ना
14.	Ear ring	इयर रिंग	कान की बाली
15.	Garland	गार्लैण्ड	हार, माला
16.	Girdle	गर्डल	कमरबन्द
17.	Gem	जैम	रत्न
18.	Hair pin	हेयर पिन	बालों की चिमटी
19.	Head locket	हैड लॉकेट	लटकन
20.	Locket	लॉकेट	टीका
21.	Medal	मैडल	तमगा
22.	Mother of pearl	मदर ऑफ पर्ल	मोती की सीप

S.No.	English	Pronunciation	Meaning
23.	Necklace	नैकलेस	हार
24.	Nose-pin	नोज पिन	लौंग
25.	Nose ring	नोज रिंग	नथ, नथुनी
26.	Opal	ओपल	दूधिया पत्थर
27.	Pearl	पर्ल	मोती
28.	Quartz	क्वार्ट्ज	बिल्लौर
29.	Ring	रिंग	छल्ला, अँगूठी
30.	Ruby	रूबी	माणिक
31.	Sapphire	सफायर	नीलम
32.	Tiara	टियारा	ताज, मुकुट
33.	Tops	टॉप्स	टॉप्स
34.	Topaz	टोपाज	पुखराज
35.	Turquoise	टरक्वाइज	फिरोजा
36.	Wreath	रीथ	माला
37.	Wristlet	रिस्टलैट	कंगन
38.	Wrist-watch	रिस्ट वाच	कलाई घड़ी

Name of Animals

S.No.	English	Pronunciation	Meaning
1.	Ant eater	ऐन्ट इटर	चींटी खोर
2.	Antelope	ऐन्टीलोप	मृग
3.	Ape	एप	लंगूर बन्दर
4.	Ass	ऐस	गधा, गदर्भ
5.	Bear	बीअर	भालू, रीछ
6.	Bitch	बिच	कुतिया
7.	Boar	बोर	जंगली सूअर
8.	Buffalo	बफैलो	भैंस
9.	Bull	बुल	सांड, बैल
10.	Beast	बीस्ट	जंगली पशु
11.	Calf	काफ	बछड़ा
12.	Camel	कैमल	ऊँट
13.	Cat	कैट	बिल्ली
14.	Chamois	शैमॉय	पहाड़ी हिरण
15.	Colt	कोल्ट	बछड़ा

S.No.	English	Pronunciation	Meaning
16.	Cow	काऊ	गाय
17.	Chimpanzee	चिम्पांजी	वनमानुष
18.	Deer	डियर	हिरण
19.	Dog	डॉग	कुत्ता
20.	Donkey	डंकी	गधा
21.	Elephant	एलीफैंट	हाथी
22.	Ewe	यू	मेंढ़ी
23.	Faun	फॉन	हिरण का बच्चा
24.	Fox	फॉक्स	लोमड़ी
25.	Giraffe	जिराफ	जिराफ
26.	Goat	गोट	बकरी
27.	Hare	हेअर	खरगोश
28.	Hind	हाइंड	हिरनी
29.	Hippopotamus	हिप्पोपोटमस	दरियाई घोड़ा
30.	Horse	हॉर्स	घोड़ा
31.	Hound	हाउण्ड	शिकारी कुत्ता
32.	Hyena	हाईना	लकड़बग्घा
33.	Hog	हॉग	सूअर
34.	Jackal	जैकाल	सियार
35.	Kangaroo	कंगारू	कंगारू
36.	Kid	किड	बकरी का बच्चा
37.	Kitten	किटेन	बिल्ली का बच्चा
38.	Lamb	लैम्ब	भेड़ का बच्चा
39.	Leopard	लिओपार्ड	तेंदुआ
40.	Lion	लायन	शेर
41.	Mare	मेअर	घोड़ी
42.	Mole	मोल	छछुन्दर
43.	Mongoose	मॉनगूज	नेवला
44.	Monkey	मंकी	बन्दर
45.	Mouse	माऊस	चूहा
46.	Mule	म्यूल	खच्चर
47.	Musk-rat	मस्क रैट	छछून्दर
48.	Musk-deer	मस्क-डियर	कस्तूरी मृग
49.	Ox	ऑक्स	बैल

S.No.	English	Pronunciation	Meaning
50.	Panther	पैंथर	चीता
51.	Pig	पिग	सूअर
52.	Pony	पोनी	टट्टू
53.	Polar bear	पोलर बीअर	ध्रुवीय भालू
54.	Porcupine	पार्क्यूपाइन	साही
55.	Puppy	पप्पी	पिल्ला
56.	Rabbit	रैबिट	खरगोश
57.	Ram	रैम	मेंढ़ा
58.	Rat	रैट	चूहा
59.	Reindeer	रेंडीयर	हिरण
60.	Rhinoceros	राईनॉसरस	गैंडा
61.	She-calf	शी काफ	बछड़ी
62.	Sheep	शीप	भेड़
63.	She-goat	शी गोट	बकरी
64.	Sire	सायर	प्रजनक सांड
65.	Spaniel	स्पेनियल	झबरा कुत्ता
66.	Spuirrel	स्क्वरिल	गिलहरी
67.	Steer	स्टीयर	बधिया पशु
68.	Stag	स्टैग	बारहसिंगा
69.	Sow	सोअ	मादा सूअर
70.	Swine	स्वाइन	शूकरी
71.	Tiger	टाइगर	बाघ, चीता
72.	Wolf	वुल्फ	भेड़िया
73.	Yalk	यॉक	पर्वतीय बैल
74.	Zebra	जेबरा	गोर खर
75.	Zebu	जीबू	सांड

Name of Birds

S.No.	English	Pronunciation	Meaning
1.	Adjutant	एड्जुटन्ट	सारस
2.	Bat	बैट	चमगादड़
3.	Bittern	बिटर्न	तितलौया
4.	Chicken	चिकन	चूजा
5.	Cock	कॉक	मुर्गा

S.No.	English	Pronunciation	Meaning
6.	Crane	क्रेन	सारस
7.	Crow	क्रो	कौआ
8.	Cuckoo	कुक्कू	पिक, कोयल
9.	Cygnet	सिगनैट	हंस शावक
10.	Cocateo	कॉकाटो	काकातुआ
11.	Dove	डॉव	पेंडुकी
12.	Duck	डक	बत्तख (मादा)
13.	Duckling	डकलिंग	बत्तख का बच्चा
14.	Drake	ड्रेक	बत्तख (नर)
15.	Eagle	ईगल	चील
16.	Egg	ऐग	अण्डा
17.	Falcon	फाल्कन	बाज
18.	Fowl	फाऊल	मुर्गा
19.	Goose	गूज	बत्तख
20.	Hawk	हॉक	बाज
21.	Hen	हैन	मुर्गी
22.	Heron	हैरन	बगुला
23.	Jay	जे	नीलकण्ठ
24.	King fisher	किंग फिशर	राम चिरैया
25.	Kite	काइट	चील
26.	Lark	लार्क	लवा
27.	Magpie	मैग्पाई	नीलकण्ठ
28.	Mynah	मैना	मैना
29.	Macaw	मैका	मकावी तोता
30.	Nightingale	नाइटिंगेल	बुलबुल
31.	Ostirich	ओस्ट्रिच	शुतुर्मुर्ग
32.	Owl	आऊल	उल्लू
33.	Parrot	पैरट	तोता
34.	Partridge	पारट्रिज	चकोर, तीतर
35.	Peacock	पीकॉक	मोर
36.	Peahen	पीहैन	मोरनी
37.	Pigeon	पिजन	कबूतर
38.	Pheasant	फीजैन्ट	तीतर
39.	Quail	क्वेल	बटेर
40.	Rook	रूक	डोम कौआ
41.	Raven	रेवन	पहाड़ी कौआ

S.No.	English	Pronunciation	Meaning
42.	Sparrow	स्पैरो	गौरेया
43.	Stork	स्टार्क	सारस
44.	Swallow	स्वालो	अबाबील चिड़िया
45.	Swan	स्वैन	हंस
46.	Vulture	वल्चर	गिद्ध
47.	Weaver-bird	वीवर-बर्ड	बया
48.	Wood pecker	वुडपैकर	कठफोड़ा

Names of Some Reptiles, Water-Living Creatures, Worms and Insects

S.No.	English	Pronunciation	Meaning
1.	Adder	ऐड्डर	गेहुँआ साँप
2.	Alligator	एलीगेटर	घड़ियाल
3.	Ant	ऐंट	चींटी
4.	Beetle	बीटल	गुबरैला
5.	Bee	बी	मधुमक्खी (मादा)
6.	Boa	बोआ	अजगर
7.	Body-licer	बोडी-लाइसर	चीलर
8.	Bug	बग	खटमल
9.	Wasp	वास्प	ततैया, भिंड
10.	Butterfly	बटरफ्लाई	तितली
11.	Centipede	सैन्टीपीड	गोजर
12.	Chameleon	कमेलियन	गिरगिट
13.	Cobra	कोबरा	काला साँप
14.	Cocoon	कोकून	रेशम का कीड़ा
15.	Cod-fish	कॉड-फिश	कॉड मछली
16.	Conch	कोंच	शंख
17.	Cowire	कॉउरी	कौड़ी
18.	Crab	क्रैब	केकड़ा
19.	Cricket	क्रिकेट	झींगुर
20.	Crocodile	क्रोकोडाइल	मगरमच्छ
21.	Drone	ड्रोन	मधुमक्खी (नर)
22.	Earthworm	अर्थवर्म	केंचुआ
23.	Eel	ईल	सर्प मछली
24.	Fire-fly	फायर-फ्लाई	जुगनू

S.No.	English	Pronunciation	Meaning
25.	Fish	*फिश*	मछली
26.	Flea	*फ्ली*	पिस्सू
27.	Fly	*फ्लाई*	मक्खी
28.	Frog	*फ्रॉग*	मेंढक
29.	Gad-fly	*गैडफ्लाई*	डाँस
30.	Grass hopper	*ग्रास हॉपर*	टिड्डा
31.	Hippotamus	*हिप्पोपोटामस*	दरियाई घोड़ा
32.	Honey-bee	*हनी-बी*	मधुमक्खी
33.	Hood	*हुड*	फन
34.	Hormet	*हॉर्नेट*	भिड़, बर्र
35.	Leech	*लीच*	जोंक
36.	Lizard	*लिजर्ड*	छिपकली
37.	Lobster	*लॉब्स्टर*	झींगा
38.	Locust	*लोकस्ट*	टिड्डी
39.	Louse	*लाउस*	जूँ
40.	Mosquito	*मॉसकीटो*	मच्छर
41.	Moth	*मोथ*	पतंगा
42.	Nit	*निट*	लीख
43.	Oyster	*आयस्टर*	सीप
44.	Poison	*पॉइजन*	विष
45.	Rat Flea	*रेटफ्ली*	पिस्सु, मूषक
46.	Scorpion	*स्कॉरपिअन*	बिच्छू
47.	Serpent	*सर्पेण्ट*	सर्प
48.	Shark	*शार्क*	शार्क मछली
49.	Silk-worm	*सिल्क-वर्म*	रेशम का कीड़ा
50.	Snail	*स्नेल*	घोंघा
51.	Snake	*स्नेक*	साँप
52.	Spider	*स्पाइडर*	मकड़ी
53.	Tadople	*टैडपोल*	मेंढक का बच्चा
54.	Termite	*टरमाइट*	दीमक
55.	Tick	*टिक*	किलनी
56.	Toad	*टोड*	भेक, टोड
57.	Tortoise	*टॉर्टाइज*	कछुआ
58.	Turtle	*टर्टल*	कछुआ
59.	Walrus	*वालरस*	दरियाई घोड़ा

Domestic Articles

S.No.	English	Pronunciation	Meaning
1.	Alimirah	*अलमिरा*	अलमारी
2.	Anvil	*एनविल*	निहाई
3.	Ash	*ऐश*	राख
4.	Ash-Tray	*ऐश ट्रे*	राख का पात्र
5.	Attache Cases	*अटैची केस*	अटैची
6.	Auger	*ऑगर*	पेंचदार बरमा
7.	Axe	*ऐक्स*	कुल्हाड़ी
8.	Balance	*बैलेन्स*	तराजू
9.	Basket	*बॉसकेट*	टोकरी
10.	Bed	*बैड*	बिस्तर, पलंग
11.	Bed-sheet	*बैड-शीट*	चादर
12.	Bench	*बैंच*	बैंच
13.	Blanket	*ब्लैकिट*	कम्बल
14.	Bobbin	*बॉबिन*	अन्टा
15.	Bolster	*बोलस्टर*	गोल तकिया
16.	Bottle	*बॉटल*	बोतल
17.	Box	*बॉक्स*	सन्दूक
18.	Broom	*ब्रूम*	झाड़ू
19.	Brush	*ब्रुश*	ब्रुश
20.	Bucket	*बकेट*	बाल्टी
21.	Bulb	*बल्ब*	बल्ब
22.	Button	*बटन*	बटन
23.	Candle	*कैण्डिल*	मोमबत्ती
24.	Candle stand	*कैण्डिल स्टैण्ड*	शमादान
25.	Container	*कण्टेनर*	डिब्बा
26.	Cabinet	*कैबिनेट*	अलमारी
27.	Carpet	*कारपैट*	गलीचा
28.	Cansiter	*कानिस्टर*	कनस्तर
29.	Cauldron	*काल्ड्रन*	कढ़ाई
30.	Censor	*सैंसर*	धूपदानी
31.	Chair	*चेयर*	कुर्सी
32.	Chest	*चैस्ट*	पेटी
33.	Chimney	*चिमनी*	चिमनी

S.No.	English	Pronunciation	Meaning
34.	Cotton	कॉटन	रुई
35.	Chandelier	शैण्डीलियर	झाड़फानूस
36.	Chisel	चिजल	छैनी
37.	Churn	चर्न	मथना
38.	Comb	कॉम्ब	कंघी
39.	Cooking gas	कुकिंग गैस	भोजन पकाने की गैस
40.	Cup	कप	प्याला
41.	Curtain	कर्टेन	पर्दा
42.	Cushion	कुशन	गद्दा
43.	Chinese-ware	चाइनीज वेअर	चीनी-मिट्टी के बर्तन
44.	Couch	काउच	सेज
45.	Clock	क्लॉक	घड़ी
46.	Cream	क्रीम	क्रीम
47.	Cot	कॉट	चारपाई
48.	Cinders	सिण्डर्स	अंगारे
49.	Cup-board	कबर्ड	अलमारी
50.	Desk	डैस्क	डैस्क
51.	Dish	डिश	रकाबी
52.	Door-mat	डोर-मैट	पायदान
53.	Drawers	ड्रॉअर्स	दराज
54.	Drill	ड्रिल	बरमा
55.	Electricity	इलैक्ट्रिसिटी	बिजली
56.	Fan	फैन	पंखा
57.	File	फाइल	रेती
58.	Fire	फायर	आग
59.	Fire place	फायर प्लेस	अंगीठी
60.	Flower vase	फ्लावर वेस	फूलदान
61.	Fork	फोर्क	काँटा
62.	Frying pan	फ्राइंग पैन	कड़ाही
63.	Fuel	फ्यूल	ईंधन
64.	Funnel	फनल	कीप
65.	Flagon	फ्लेगॉन	सुराही
66.	Fire pan	फायर पैन	अंगीठी
67.	Grate	ग्रेट	चूल्हा
68.	Griddle	ग्रिडल	तवा

S.No.	English	Pronunciation	Meaning
69.	Gramophone	ग्रामोफोन	ग्रामोफोन
70.	Hammer	हैमर	हथौड़ा
71.	Hand-pump	हैण्ड-पम्प	बर्मा
72.	Hearth	हार्थ	चूल्हा
73.	Hatchet	हैचेट	फावड़ा
74.	Iron	आयरन	इस्तरी
75.	Ice-box	आइस-बॉक्स	बर्फ पेटी
76.	Iron-plate	आयरन-प्लेट	तवा
77.	Iron-chest	आयरन-चेस्ट	लोहे की सन्दूक
78.	Iron-safe	आयरन-सेफ	लोहे की अलमारी
79.	Jar	जार	मर्तबान
80.	Jug	जग	जग
81.	Kerosene	कैरोसिन	मिट्टी का तेल
82.	Kettle	कैटल	केतली
83.	Key	की	चाबी
84.	Knife		चाकू
85.	Kiln	किल्न	भट्टी
86.	Lancet	लांसेट	[illegible]
87.	Lamp	लैंप	दीया
88.	Lid	लिड	ढक्कन
89.	Lock	लॉक	ताला
90.	Lantern	लैन्टर्न	लालटेन
91.	Loom	लूम	करघा
92.	Ladle	लैडल	कड़छी
93.	Looking glass	लुकिंग ग्लास	दर्पण
94.	Mackintosh	माकिन्तोश	मोमजामा
95.	Mat	मैट	चटाई
96.	Match-Box	मैच बॉक्स	माचिस
97.	Mallet	मैलट	हथौड़ा
98.	Mattress	मैट्रैस	गद्दा
99.	Mirror	मिरर	दर्पण
100.	Mortar	मोरटार	ओखली
101.	Needle	नीडल	सूई
102.	Nut-cracker	नट-क्रैकर	सरौता
103.	Newspaper	न्यूजपेपर	अखबार

S.No.	English	Pronunciation	Meaning
104.	Oil	ऑयल	तेल
105.	Oven	ओवन	तन्दूर
106.	Palanquin	पैलनक्यून	पालकी
107.	Pastry-board	पेस्ट्री बोर्ड	चकला
108.	Pastry-roller	पेस्ट्री रोलर	बेलन
109.	Paper	पेपर	कागज
110.	Picture	पिक्चर	तस्वीर
111.	Pan	पैन	कढ़ाई
112.	Peeler	पीलर	छीलने वाला (चाकू)
113.	Pen	पैन	कलम
114.	Pestle	पैसल	मूसली
115.	Phial	फायल	शीशी
116.	Pillow	पिलो	तकिया
117.	Pillow-case	पिलो केस	गिलाफ
118.	Pincers	पिंसर्स	संडासी
119.	Pitcher	पिच्चर	घड़ा
120.	Pot	पॉट	मटका
121.	Probe	प्रोब	सलाई
122.	Plate	प्लेट	थाली
123.	Plough	प्लाऊ	हल
124.	Plane	प्लेन	रंदा
125.	Padlock	पैडलॉक	बड़ा ताला
126.	Powder	पाऊडर	पाऊडर
127.	Quilt	क्विल्ट	रजाई
128.	Rolling base	रोलिंग बेस	चकला
129.	Rope	रोप	रस्सी
130.	Radio	रेडियो	रेडियो
131.	Razor	रेजर	उस्तरा
132.	Sack	सैक	बोरी
133.	Safe	सेफ	तिजोरी
134.	Saucer	सॉसर	छोटी तश्तरी
135.	Sieve	सीव	छलनी
136.	Soap	सोप	साबुन
137.	Soap-case	सोप-केस	साबुनदानी
138.	Spoon	स्पून	चम्मच

S.No.	English	Pronunciation	Meaning
139.	Spittoon	स्पिटून	पीकदान
140.	Stick	स्टिक	छड़ी
141.	Stove	स्टोव	दम चूल्हा
142.	Swing	स्विंग	झूला
143.	Screw-driver	स्क्रू ड्राइवर	पेंचकस
144.	Sickle	सिकल	दरांती
145.	Shovel	शॉवेल	खुरपी
146.	Spade	स्पेड	फावड़ा
147.	Saw	सॉ	आरा
148.	Spear	स्पीयर	भाला
149.	Sword	स्वोर्ड	तलवार
150.	Stool	स्टूल	तिपाई
151.	Sofa	सोफा	सोफा
152.	Shelf	शैल्फ	खुली अलमारी
153.	String	स्ट्रिंग	रस्सी
154.	Switch	स्विच	खटका
155.	Scissors	सिजर्स	कैंची
156.	Sewing machine	स्यूइंग मशीन	सिलाई मशीन
157.	Table	टेबल	मेज
158.	Tap	टैप	नलका
159.	Tea strainer	टी स्ट्रेनर	चाय की छलनी
160.	Tumbler	टम्बलर	गिलास
161.	Thimble	थिम्बल	अंगुस्ताना
162.	Tongs	टोंग्ज	चिमटा
163.	Tooth brush	टूथ ब्रुश	ब्रुश
164.	Tooth powder	टूथ पाउडर	दन्त मंजन
165.	Tray	ट्रे	थाली
166.	Twine	ट्वाईन	रस्सी
167.	Table fan	टेबल फैन	मेज का पंखा
168.	Table lamp	टेबल लैम्प	मेज का लैंप
169.	Telephone	टेलीफोन	दूरभाष
170.	Umbrella	अम्ब्रेला	छाता
171.	Wick	विक	बत्ती
172.	Wire	वायर	तार

Homes and Abodes

1.	Babies	शिशु	live ina a nursery	नर्सरी
2.	Bees	मधु-मक्खियाँ	live in a beehive	शहद का छत्ता
3.	Birds	पक्षी	live in nests	घोंसले
4.	Convicts	अपराधी	live in prison	कारावास
5.	Cows	गाएँ	live in shed	गोशाला
6.	Dogs	कुत्ते	live in kennels	घुर
7.	Foxes	लोमड़	live in forests	वन, जंगल
8.	Horses	घोड़े	live in stables	अस्तबल
9.	Invalids	दुर्बल व्यक्ति	live in a sanatorium	स्वास्थ्यवर्धक स्थान
10.	Kings	राजा	linve in palaces	महल
11.	Lions	शेर	live in dens	मांद
12.	Lunatics	पागल	live in asylums	पागलखाना
13.	Men	आदमी	live in house	घर
14.	Mice	चूहे	live in holes	बिल
15.	Monks	भिक्षु	live in a monastery	मठ
16.	Nuns	भिक्षुणी	live in a convent	विहार
17.	Officers	अफसर	live in a quarters	क्वार्टर
18.	Owls	उल्लू	live in trees	वृक्ष
19.	Pigs	सूअर	live in a sty	सूअर बाड़ा
20.	Peasants	किसान	live in cottages	झोंपड़ी
21.	Priests	पुजारी	live in parsonage	पादरी घर
22.	Prisoners	कैदी	live in cell	कोठरी
23.	Sheep	भेड़	live in per or fold	बाड़ा
24.	Soldiers	सैनिक	live in barrackes	सैनिक क्वार्टर
25.	Spiders	मकड़ियाँ	live in webs	जाला
26.	Tigers	चीते	live in lairs	माँद

Name of Musical Instruments

S.No.	English	Pronunciation	Meaning
1.	Bell	*बैल*	घंटी
2.	Bugle	*बिगुल*	शहनाई
3.	Bag pipe	*बैग पाइप*	मशकबाजा
4.	Banjo	*बैंजो*	बैंजो
5.	Bassoon	*बसून*	अलगोजा

S.No.	English	Pronunciation	Meaning
6.	Clarion	क्लैरियन	बाँसुरी, तुरही
7.	Clarionet	क्लैरियानेट	शहनाई
8.	Cymbal	सिम्बल	झांझ
9.	Conch	कौंच	शंख
10.	Drum	ड्रम	ढोलक, नगाड़ा
11.	Drummet	ड्रमेट	डुगडुगी
12.	Flute	फ्लूट	बांसुरी
13.	Guitar	गिटार	गिटार
14.	Gong	गाँग	घण्टा
15.	Gourd flute	गोर्ड फ्लूट	बीन
16.	Harmonium	हारमोनियम	हारमोनियम
17.	Harp	हार्प	वीणा
18.	Horn	हॉर्न	सींगा
19.	Hautboy	हॉट-बॉय	शहनाई
20.	Jew's Harp Lute	ज्यूज हार्प ल्यूट	मरचंग
21.	Kettle-drum	केटल ड्रम	नगाड़ा
22.	Mandolin	मैनडोलिन	एक वाद्य यन्त्र
23.	Mouth Organ	माऊथ ऑर्गन	बीन-बाजा
24.	Piano	पियानो	पियानो
25.	Sarod	सरोद	सरोद
26.	Sitar	सितार	सितार
27.	Tabor	टेबर	तबला
28.	Tom-tom	टोम-टोम	ढोलक
29.	Tambourine	टैम्बरीन	ढफली
30.	Trombone	ट्रम्बोन	तुरही
31.	Violin	वायलिन	वीणा
32.	Whistle	ब्हिसल	सीटी

Name of Minerals

S.No.	English	Pronunciation	Meaning
1.	Antimony	एन्टीमानी	सुरमा
2.	Arsenic	आर्सेनिक	संखिया
3.	Alum	ऐलम	फिटकरी
4.	Bitumen	बिटूमन	शिलाजीत
5.	Bronze	ब्रोन्ज	काँसा

S.No.	English	Pronunciation	Meaning
6.	Brass	*ब्रास*	पीतल
7.	Bell-metal	*बैल-मैटल*	काँसा
8.	Blue-vitrio	*ब्लू-बिट्रियो*	तूतिया
9.	Chalk	*चाक*	खड़िया
10.	Cinnabar	*सिन्नेबार*	सिन्दूर
11.	Charcoal	*चारकोल*	लकड़ी का कोयला
12.	Coal	*कोल*	कोयला
13.	Copper	*कॉपर*	ताँबा
14.	Cornelian	*कोर्नेलियन*	अकीक
15.	Copper sulphate	*कॉपर सल्फेट*	तूतिया
16.	Diamond	*डायमण्ड*	हीरा
17.	Emerald	*एमरल्ड*	पन्ना
18.	Flint	*फ्लिंट*	चकमक पत्थर
19.	Fuller's earth	*फुलर्स अर्थ*	मुलतानी मिट्टी
20.	Grey copper	*ग्रे कॉपर*	भूरा ताँबा
21.	Grey Tin	*ग्रे टिन*	धूसर राँगा
22.	Gold	*गोल्ड*	सोना
23.	Greenvitriol	*ग्रीनविट्रियल*	कसीह
24.	Iron	*आयरन*	लोहा
25.	Iron ore	*आयरन ओर*	खनिज लोहा
26.	Kerosene	*कैरोसिन*	मिट्टी का तेल
27.	Lead	*लैड*	सीसा
28.	Marble	*मार्बल*	संगमरमर
29.	Mercury	*मर्करी*	पारा
30.	Metal	*मैटल*	धातु
31.	Mica	*माइका*	अभ्रक
32.	Mine	*माइन*	खान
33.	Natron	*नैट्रॉन*	सज्जीखार
34.	Orpiment	*आर्पिमैण्ट*	हरताल
35.	Ochre	*ओकर*	गेरू
36.	Plastic clay	*प्लास्टिक क्ले*	सुघट्य मिट्टी
37.	Red ochre	*रैड ओकर*	गेरू
38.	Ruby	*रूबी*	लाल
39.	Rock oil	*रॉक ऑयल*	शैल तेल
40.	Saltpetre	*साल्टपीटर*	शोरा

S.No.	English	Pronunciation	Meaning
41.	Shale	शेल	स्लेटी पत्थर
42.	Silver	सिल्वर	चाँदी
43.	Soapstone	सोप स्टोन	सेलखड़ी
44.	Steatite	स्टीटाइट	सेलखड़ी
45.	Steel	स्टील	फौलाद
46.	Sulphur	सल्फर	गन्धक
47.	Tin	टिन	टिन
48.	Touch-stone	टच-स्टोन	कसौटी
49.	Vermilion	वर्मिलियन	सिन्दूर
50.	White lead	व्हाइट लैड	सफेदा
51.	Yellow ochre	यैलो ओकर	राजरज
52.	Zinc	जिंक	जस्ता

Name of Professions and Occupations

S.No.	English	Pronunciation	Meaning
1.	Actor	ऐक्टर	नाटक का पात्र, अभिनेता
2.	Accountant	अकाउण्टैण्ट	मुनीम
3.	Advocate	एडवोकेट	वकील
4.	Agent	एजेण्ट	प्रतिनिधि
5.	Agriculturist	एग्रीकलचरिस्ट	कृषक
6.	Architect	आर्किटैक्ट	नक्शानवीस
7.	Artist	आर्टिस्ट	कलाकार
8.	Artisan	आर्टीसन	कारीगर
9.	Astrologer	एस्ट्रोलॉजर	ज्योतिष
10.	Astronomer	एस्ट्रोनॉमर	खगोल शास्त्री
11.	Auditor	ऑडीटर	हिसाब निरक्षक, लेखा परीक्षक
12.	Auctioneer	आक्शनीयर	नीलामी करने वाला
13.	Author	ऑथर	लेखक, ग्रन्थकार
14.	Baker	बेकर	नानबाई
15.	Banker	बैंकर	साहूकार
16.	Bankrupt	बैंकरप्ट	दिवालिया
17.	Beggar	बैगर	भिखारी
18.	Blacksmith	ब्लैकस्मिथ	लौहार
19.	Book-binder	बुक-बाइण्डर	जिल्दसाज
20.	Book-seller	बुक-सैलर	पुस्तक-विक्रेता

S.No.	English	Pronunciation	Meaning
21.	Boatman	बोट-मैन	नाविक
22.	Brasier	ब्रेजियर	ठठेरा
23.	Bursar	बर्सर	कोषाधिकारी
24.	Butler	बटलर	भण्डारी
25.	Butcher	बुचर	कसाई
26.	Barrister	बैरिस्टर	बैरिस्टर
27.	Betel-seller	बीटेल सैलर	पनवाड़ी
28.	Broker	ब्रोकर	दलाल
29.	Carder	कार्डर	धुनिया
30.	Carpenter	कारपैन्टर	बढ़ई
31.	Carrier	कैरियर	माल ढोने वाला
32.	Cashier	कैशियर	रोकड़िया
33.	Chauffeur	शौफर	कार चालक
34.	Cultivator	कल्टिवेटर	कृषक
35.	Chemist	कैमिस्ट	दवाई विक्रेता
36.	Clerk	क्लर्क	मुंशी, लिपिक
37.	Cobbler	कॉबलर	मोची
38.	Coachman	कोचमैन	कोचवान
39.	Cleaner	क्लीनर	साफ करने वाला
40.	Contractor	कॉट्रेक्टर	ठेकेदार
41.	Constable	कॉस्टेबल	सिपाही
42.	Conductor	कण्डक्टर	संवाहक
43.	Confectioner	कनफैक्शनर	हलवाई
44.	Cook	कुक	रसोइया
45.	Compounder	कम्पाउण्डर	औषध बनाने वाला
46.	Coolie	कुली	कुली
47.	Compositor	कम्पोजीटर	प्रेस में अक्षर लगाने वाला
48.	Cloth-merchant	क्लॉथ मर्चेन्ट	बजाज
49.	Carter	कार्टर	गाड़ीवान
50.	Clergyman	क्लर्जीमैन	पुरोहित
51.	Dancer	डांसर	नर्तकी
52.	Darner	डार्नर	रफूगर
53.	Dentist	डैंटिस्ट	दंत चिकित्सक
54.	Doctor	डॉक्टर	डॉक्टर
55.	Draper	ड्रैपर	बजाज

S.No.	English	Pronunciation	Meaning
56.	Draughtsman	ड्राफ्ट्समैन	नक्शानवीस
57.	Dramatist	ड्रामाटिस्ट	नाटककार
58.	Druggist	ड्रगिस्ट	औषधि-विक्रेता
59.	Dyer	डायर	रंगसाज
60.	Driver	ड्राइवर	यान चालक
61.	Drummer	ड्रमर	ढोलची
62.	Editor	एडिटर	सम्पादक
63.	Enameller	इनेमलर	मीनाकार
64.	Engineer	इन्जीनियर	अभियन्ता
65.	Examiner	एग्जामिनर	परीक्षक
66.	Farmer	फार्मर	किसान
67.	Fisherman	फिशरमैन	मछेरा
68.	Florist	फ्लोरिस्ट	फूल बेचने वाला
69.	Gardener	गार्डनर	माली
70.	Gatekeeper	गेटकीपर	दरबान
71.	Glazier	ग्लेजिअर	शीशा जड़ने वाला
72.	Goldsmith	गोल्डस्मिथ	सुनार
73.	Grocer	ग्रोसर	पंसारी
74.	Groom	ग्रूम	सईस, घोडे की देखभाल करने वाला
75.	Green-grocer	ग्रीन-ग्रोसर	कुंजड़ा
76.	Gleaner	ग्लीनर	सिल्ला बटोरने वाला
77.	Halwai	हलवाई	हलवाई
78.	Hawker	हॉकर	फेरी वाला
79.	Inkman	इंकमैन	रोशनाई वाला
80.	Inspector	इंस्पैक्टर	निरीक्षक
81.	Jeweller	ज्वेलर	जौहरी
82.	Juggler	जगलर	मदारी
83.	Landlord	लैण्डलॉर्ड	जागीरदार
84.	Lawyer	लायर	वकील
85.	Maid-servant	मेड-सर्वेण्ट	नौकरानी
86.	Magician	मैजिशियन	जादूगर
87.	Manager	मैनेजर	प्रबन्धक
88.	Mason	मेसन	राज, राजगीर
89.	Merchant	मर्चेन्ट	सौदागर
90.	Messenger	मैसन्जर	दूत

S.No.	English	Pronunciation	Meaning
91.	Mechanic	*मेकेनिक*	मिस्त्री
92.	Midwife	*मिडवाईफ*	दाई
93.	Milkman	*मिल्कमैन*	ग्वाला
94.	Milkmaid	*मिल्कमेड*	ग्वालिन
95.	Musician	*म्यूजिशियन*	संगीतकार
96.	Miner	*माईनर*	खान खोदने वाला
97.	Newsagent	*न्यूजएजेण्ट*	समाचार अभिकर्त्ता
98.	Newsmonger	*न्यूजमौंगर*	खबर फैलाने वाला
99.	Novelist	*नॉवेलिस्ट*	उपन्यासकार
100.	Nurse	*नर्स*	दाई, आया
101.	Oilman	*ऑयलमैन*	तेली
102.	Operator	*ऑपरेटर*	मशीन चालक
103.	Painter	*पेन्टर*	रंगसाज
104.	Palmist	*पामिस्ट*	हाथ देखने वाला
105.	Peon	*पीअन*	चपरासी
106.	Perfumer	*पर्फ्यूमर*	गन्धी
107.	Photographer	*फोटोग्राफर*	फोटोग्राफर
108.	Physician	*फिजिशयन*	वैद्य, चिकित्सक
109.	Pilgrim	*पिल्ग्रिम*	तीर्थयात्री
110.	Poet	*पोयट*	कवि
111.	Potter	*पॉटर*	कुम्हार
112.	Postman	*पोस्टमैन*	डाकिया
113.	Printer	*प्रिण्टर*	मुद्रक
114.	Preist	*प्रीस्ट*	पुरोहित, पुजारी
115.	Politician	*पोलीटिशियन*	राजनीतिज्ञ
116.	Porter	*पोर्टर*	कुली, दरबान
117.	Proprietor	*प्रोप्राइटर*	मालिक
118.	Pedlar	*पैडलर*	फेरीवाला
119.	Pilot	*पाइलट*	वायुयान-चालक
120.	Pleader	*प्लीडर*	वकील
121.	Publisher	*पब्लिशर*	प्रकाशक
122.	Principal	*प्रिन्सिपल*	प्रधानाचार्य
123.	Parcher	*पार्चर*	भड़भूजा
124.	Procurer	*प्रोक्योरर*	प्रापक, दलाल
125.	Proctor	*प्रोक्टर*	अनुशासनाधिकारी

S.No.	English	Pronunciation	Meaning
126.	Professor	प्रॉफेसर	प्राध्यापक
127.	Procurator	प्रोक्युरेटर	कोषाधिकारी
128.	Quack	क्वैक	नीम-हकीम
129.	Quaestor	क्वेस्टॉर	दण्डनायक, कोषाध्यक्ष
130.	Quizzer	क्विजर	परीक्षाकर्त्ता
131.	Retailer	रिटेलर	खुदरा व्यापारी
132.	Repairer	रिपेयरर	मरम्मत वाला
133.	Sailor	सेलर	नाविक
134.	Sanitary Inspector	सैनीटरी इंस्पैक्टर	सफाई दरोगा
135.	Sculptor	स्कल्पटर	पत्थर काटने वाला
136.	Seedsman	सीड्समैन	बीज-विक्रेता
137.	Shepherd	शैफर्ड	गड़रिया
138.	Shoe maker	शू मेकर	मोची
139.	Shop-keeper	शॉपकीपर	दुकानदार
140.	Stamp-vendor	स्टाम्प-वैन्डर	टिकट विक्रेता
141.	Surgeon	सर्जन	शल्य-चिकित्सक
142.	Sweeper	स्वीपर	भंगी
143.	Stationer	स्टेशनर	कागज, कलम विक्रेता
144.	Sorcerer	सोर्सेरर	तान्त्रिक
145.	Tailor	टेलर	दर्जी
146.	Tanner	टैनर	चमड़ा रंगने वाला
147.	Teacher	टीचर	अध्यापक
148.	Treasurer	ट्रेजरर	कोषाध्यक्ष
149.	Turner	टर्नर	खरादिया
150.	Tutor	ट्यूट्र	ट्यूशन पढ़ाने वाला
151.	Trader	ट्रेडर	व्यापारी
152.	Tinman	टिनमैन	कलई करने वाला
153.	T.T.E.	टी.टी.ई.	टिकट निरीक्षक
154.	Usurer	यूशरर	सूदखोर
155.	Washerman	वॉशरमैन	धोबी
156.	Watchman	वॉचमैन	चौकीदार
157.	Water carrier	वॉटर कैरियर	महरा
158.	Weaver	वीवर	जुलाहा
159.	Writer	राइटर	लेखक
160.	Watch maker	वॉच मेकर	घड़ीसाज

Name of Important Tools

S.No.	English	Pronunciation	Meaning
1.	Anchor	*एन्कर*	लंगर
2.	Anvil	*एन्विल*	निहाई
3.	Auger	*ऑगर*	बरमा
4.	Awl	*ऑल*	टंकुआ
5.	Axe	*ऐक्स*	गेंती, कुल्हाड़ी
6.	Bagging hook	*बैगिंग हुक*	दरांती
7.	Balance	*बैलेंस*	तराजू
8.	Bar share	*बॉर-शेअर*	कस्सी, फाली
9.	Bead-plane	*बीड-प्लेन*	गोल रन्दा
10.	Bellows	*बैलोज*	धौंकनी
11.	Blow-pipe	*ब्लो-पाइप*	फूँकनी
12.	Clamp	*क्लैम्प*	काँटा
13.	Cleat	*क्लीट*	फन्नी
14.	Chisel	*चिजल*	छैनी
15.	Colter	*कोल्टर*	हल की फाल
16.	Compass	*कम्पास*	कुतुबनुमा
17.	Cone	*कोन*	शंकु
18.	Dagger	*डैगर*	छुरा, खंजर
19.	Dibble	*डिबल*	रंभा
20.	Divider	*डिवाइडर*	परकार
21.	Drill	*ड्रिल*	बरमी
22.	Fast	*फास्ट*	मोची का फरमा
23.	File	*फाइल*	रेती
24.	Fishing rod	*फिशिंग रॉड*	पकड़ने की डोरी
25.	Gaugae	*गेज*	नापने का यन्त्र
26.	Hammer	*हैमर*	हथौड़ा
27.	Hand saw	*हैण्ड सॉ*	आरी
28.	Hand vice	*हैण्ड वाइस*	हाथ बाँक
29.	Hanger	*हैंगर*	हैंगर, काँटा
30.	Jack plane	*जैक प्लेन*	बड़ा रन्दा
31.	Last	*लास्ट*	जूता बनाने का फर्मा
32.	Lancet	*लांसेट*	नश्तर की छुरी

S.No.	English	Pronunciation	Meaning
33.	Lever	*लीवर*	उत्तोलक
34.	Loom	*लूम*	करघा
35.	Lathe	*लेथ*	खराद
36.	Mallet	*मैलिट*	मुँगरी
37.	Needle point	*नीडल प्वाइण्ट*	विरंजी
38.	Oar	*ओर*	डांडा, चप्पू
39.	Oil mill	*आयल मिल*	कोल्हू
40.	Plough	*प्लाऊ*	हल
41.	Plough share	*प्लाऊ शेयर*	हल की फार
42.	Plumb line	*प्लम्ब लाइन*	साहुल
43.	Pruning shear	*प्रूनिंग शीअर*	दस्ती कैंची
44.	Rake	*रेक*	पाँचा
45.	Rasp	*रैस्प*	मोटी रेती
46.	Razor	*रेजर*	उस्तरा
47.	Rebate plane	*रिबेट प्लेन*	पताम रंदा
48.	Rudder	*रडर*	पतवार
49.	Saw	*सॉ*	आरी
50.	Screw	*स्क्रू*	पेंच, डिबरी
51.	Screw driver	*स्क्रू-ड्राइवर*	पेंचकस
52.	Shovel	*शॉवल*	फावड़ा
53.	Scissors	*सिजर्स*	कैंची
54.	Sickle	*सिकल*	दरांती
55.	Spade	*स्पेड*	कुदाल, फावड़ा
56.	Spanner	*स्पैनर*	डिबरी कसने की चाबी
57.	Stone chisel	*स्टोन चिजल*	छैनी
58.	Smoothing plane	*स्मूथिंग प्लेन*	बारीक रंदा
59.	Still	*स्टिल*	भभका
60.	Stock and dies	*स्टॉक एण्ड डायस*	सामान व ठप्पे
61.	Tooling plane	*टूलिंग प्लेन*	धारी रंदा
62.	Trying plane	*ट्राइंग प्लेन*	छोटा रंदा
63.	Try square	*ट्राइ स्क्वैर*	गुनिया
64.	Trowel	*ट्रावल*	करनी
65.	Trying angle	*ट्राइंग एंगल*	गुनिया

Terminology of War-Fare

S.No.	English	Pronunciation	Meaning
1.	Aggression	अग्रैशन	आक्रमण
2.	Anti-aircraft gun	ऐन्टी एअरक्राफ्ट गन	वायुयान तोप
3.	Army	आर्मी	सेना
4.	Arms	आर्म्स	हथियार
5.	Armaments	आर्मामैन्ट्स	युद्ध के शस्त्र
6.	Ammunition	एम्युनिशन	गोला-बारूद
7.	Armour	आर्मर	कवच
8.	Atom bomb	एटम बम	अणु बम
9.	Atomic warfare	एटॉमिक वारफेअर	परमाणु युद्ध
10.	Attack	अटैक	आक्रमण
11.	Auxiliary force	आग्जिलियरी फोर्स	सहायक सेना
12.	Battle	बैटल	युद्ध क्षेत्र
13.	Battle field	बैटल फील्ड	युद्धक्षेत्र
14.	Belligerent nation	बैलिजैरेन्ट नेशन	लड़ने वाला राष्ट्र
15.	Battle-ship	बैटल शिप	युद्ध पोत
16.	Blockade	ब्लॉकेड	नाकाबन्दी
17.	Bombardment	बम्बार्डमेन्ट	बमबारी
18.	Bloodshed	ब्लडशैड	खून-खराबा
19.	Bomb	बॉम्ब	बम
20.	Brute force	ब्रूट फोर्स	पाश्विक शक्ति
21.	Bullet	बुलेट	गोली
22.	Bunker	बंकर	सुरक्षित स्थान
23.	Campaign	कैम्पेन	युद्ध-प्रवृत्ति
24.	Cannon	कैनन	तोप
25.	Cannon ball	कैनन बाल	तोप के गोले
26.	Catridge	कारट्रिज	कारतूस
27.	Cavalry	कैवलरी	घुड़सवारी सेना
28.	Cease fire	सीज फायर	युद्ध विराम
29.	Civil war	सिविल वॉर	गृह युद्ध
30.	Combatants	कम्बैटैंट्स	योद्धा
31.	Commander-in-chief	कमाण्डर-इन-चीफ	सेनापति
32.	Conscription	कान्सक्रिप्शन	अनिवार्य भर्ती
33.	Defence	डिफैंस	सुरक्षा

S.No.	English	Pronunciation	Meaning
34.	Defence Ministry	डिफैंस मिनिस्ट्री	रक्षा मन्त्रालय
35.	Defence Service	डिफैंस सर्विस	फौजी नौकरी
36.	Demobilization	डिमोबिलाइजेशन	सेनाभंग
37.	Destroyer	डैस्ट्रॉयर	विध्वंसक
38.	Enemy	एनिमी	शत्रु
39.	Expedition	एक्सपेडीशन	अभियान
40.	Explosive bomb	एक्सप्लोसिव बॉम्ब	विस्फोटक बम
41.	Field Marshal	फील्ड मार्शल	सेना अधिकारी
42.	Fighter plane	फाईटर प्लेन	लड़ाकू जहाज
43.	Fortification	फोर्टीफिकेशन	किलाबंदी
44.	Gas-mask	गैस-मास्क	गैस नकाब
45.	Guerilla	गुरिल्ला	गुरेला
46.	Gun powder	गन पाउडर	बारूद
47.	Land-force	लैण्ड-फोर्स	स्थल सेना
48.	Machine-gun	मशीन गन	स्वयंचालित बन्दूक
49.	Magazine-gun	मैगज़ीन गन	कारतूस वाली बन्दूक
50.	Magazine	मैगज़ीन	बारूद खाना
51.	Morale	मॉरेल	मनोबल
52.	Mutiny	म्यूटिनी	बगावत, विद्रोह
53.	Navy	नेवी	जल सेना
54.	Operation	ऑप्रेशन	सेना की गति
55.	Prisoners of war	प्रिजनर्स ऑफ वार	युद्ध-बन्दी
56.	Provisions	प्रोविजन्स	रसद, सामग्री
57.	Recruitment	रिक्रूटमैन्ट	सेना-प्रवेश
58.	Siege	सीज	घेरा
59.	Strategy	स्ट्रेटजी	युद्ध कौशल
60.	Sub marine	सब मैरीन	पनडुब्बी
61.	Treaty	ट्रीटी	सन्धि
62.	Trench	ट्रैंच	खाई
63.	Troops	ट्रुप्स	सेना की टुकड़ी
64.	Torpedo-boat	टोरपीडो बोट	गोला वाली नौका
65.	War	वार	युद्ध
66.	War Minister	वॉर मिनिस्टर	युद्ध मन्त्री

Name of Flowers

S.No.	English	Pronunciation	Meaning
1.	Bud	बड	कली, कोपल
2.	Balsam	बालसम	मुलमेंहदी
3.	Chrysenthemum	क्रिसेन्थेमम	गुलदाउदी
4.	Colera-flower	कोवरा फ्लावर	नागभिका
5.	Creeper	क्रीपर	लता, बेल
6.	Daisy	डेजी	गुलबहार
7.	Erythrina	एरीथ्राइना	पारिजात
8.	Fir	फिर	सनीवर
9.	Hibiscus	हिबिस्कस	गुड़हल
10.	Hiptage	हिप्टेज	माध्वी पुष्प
11.	Jasmine	जैसमीन	चमेली
12.	Knop	नोप	कली
13.	Lily	लिली	कुमुदिनी
14.	Lotus	लोटस	कमल
15.	Magnolia	मेग्नोलिया	चम्पा
16.	Marigold	मैरीगोल्ड	गेंदा
17.	Mushroom	मशरूम	कुकुरमुत्ता
18.	Motia	मोतिया	मोतिया
19.	Murraya	मरैया	कामिनी
20.	Narcissus	नार्सिसस	नरगिस
21.	Oleander	ओलीण्डर	करबीर, कनेर
22.	Pandanus	पैन्डेनस	केतकी
23.	Periwinkle	पेरीविन्कल	सदाबहार
24.	Poppy	पॉपी	पोस्त का फूल
25.	Prickly pear	प्रिकली पियर	नागफनी
26.	Rose	रोज	गुलाब
27.	Stramonium	स्ट्रामोनियम	धतूरा
28.	Sunflower	सनफ्लॉवर	सूरजमुखी
29.	Touch-me-not	टच-मी-नॉट	छुई-मुई

Vegetables

S.No.	English	Pronunciation	Meaning
1.	Amaranthus	*एमरान्थस*	चौलाई
2.	Arum	*ऐरम*	अरबी
3.	Bean	*बीन*	सेम
4.	Bitter gourd	*बिटर गोर्ड*	करेला
5.	Brinjal	*ब्रिंजल*	बैंगन
6.	Cabbage	*कैबेज*	बन्दगोभी
7.	Capsicum/Bell pepper	*केप्सीकम/बेल पेपर*	शिमला मिर्च
8.	Carrot	*कैरट*	गाजर
9.	Cauliflower	*कॉलीफ्लावर*	फूलगोभी
10.	Charantis	*चारनटिस*	करेला
11.	Chilli	*चिली*	लाल मिर्च
12.	Citron	*सिट्रान*	गलगल
13.	Clocasia	*क्लोकासिया*	कचालू
14.	Coriander	*कोरिअण्डर*	धनिया
15.	Cow-pea	*काऊ पी*	लोबिया
16.	Cucumber	*क्यूकम्बर*	ककड़ी
17.	Fenugreek	*फेनूग्रीक*	मेथी
18.	French beans	*फ्रेंच बीन्स*	ग्वार की फली
19.	Garlic	*गार्लिक*	लहसुन
20.	Ginger	*जिंजर*	अदरक
21.	Gourd	*गोर्ड*	लौकी, कद्दू
22.	Greens	*ग्रीन्स*	साग
23.	Jack-fruit	*जैकफ्रूट*	कटहल
24.	Lady finger	*लेडी फिंगर*	भिण्डी
25.	Lettuce	*लेट्यूस*	सलाद
26.	Lime	*लाईम*	खट्टा
27.	Luffa	*लुफ्फा*	घीया, तोरी
28.	Mint	*मिण्ट*	पोदीना
29.	Mushroom	*मशरूम*	कुकुरमुत्ता
30.	Onion	*ओनियन*	प्याज
31.	Pea	*पी*	मटर
32.	Potato	*पोटैटो*	आलू
33.	Pumpkin	*पम्पकिन*	लौकी

S.No.	English	Pronunciation	Meaning
34.	Radish	*रैडिश*	मूली
35.	Red pumpkin	*रैड पम्पकिन*	सीताफल, पेठा
36.	Snake gourd	*स्नेक गोर्ड*	चिचड़ा
37.	Spinach	*स्पिनच*	पालक
38.	Sweet potato	*स्वीट पोटैटो*	शकरकन्दी
39.	Tamarind	*टैमरिंड*	इमली
40.	Tomato	*टोमैटो*	टमाटर
41.	Turnip	*टर्निप*	शलजम
42.	Yam	*याम*	कचालू

Dryfruits and Fruits

S.No.	English	Pronunciation	Meaning
1.	Almond	*आमण्ड*	बादाम
2.	Apple	*एप्पल*	सेब
3.	Apricot	*एप्रीकॉट*	खुमानी
4.	Banana	*बनाना*	केला
5.	Betel-nut	*बीटल नट*	सुपारी
6.	Beet-root	*बीट-रूट*	चुकन्दर
7.	Berry	*बेरी*	बेर
8.	Black-berry	*ब्लैक-बेरी*	जामुन
9.	Carambola	*कैरमबोला*	कमरख
10.	Cashewnut	*कैश्युनट*	काजू
11.	Cheery	*चैरी*	चैरी
12.	Chest nut	*चेस्टनट*	अखरोट
13.	Coconut	*कोकोनट*	नारियल
14.	Currant	*करण्ट*	किशिमश
15.	Citron	*सिट्रॉन*	चकोतरा
16.	Custard apple	*कस्टर्ड एप्पल*	शफीरा
17.	Date	*डेट*	खजूर
18.	Fig	*फिग*	अंजीर
19.	Grape	*ग्रेप*	अंगूर
20.	Gravia Asiatica	*ग्रेविया एशियाटिका*	फालसा
21.	Ground-nut	*ग्राउण्ड-नट*	मूँगफली
22.	Guava	*गुआवा*	अमरूद

S.No.	English	Pronunciation	Meaning
23.	Lichi	लीची	लीची
24.	Lilac	लिलैक	बिकाइन
25.	Loquat	लोकाट	लोकाट
26.	Malta	माल्टा	माल्टा
27.	Mango	मैंगो	आम
28.	Melon	मैलन	खरबूजा
29.	Mosambi	मौसम्बी	मौसमी
30.	Musk-melon	मस्क मेलन	खरबूजा
31.	Mimusops	मिमुसॉप्स	खिरनी
32.	Mulberry	मलबेरी	शहतूत
33.	Okra	ओक्रा	एक फल
34.	Olive	ओलिव	जैतून
35.	Orange	औरेन्ज	सन्तरा
36.	Palm	पाम	ताड़ का फल
37.	Peach	पीच	आड़ू
38.	Pear	पीयर	नाशपाती
39.	Papaya	पपाया	पपीता
40.	Pineapple	पाईनऐप्पल	अनन्नास
41.	Pistachio	पिस्टैशियो	पिस्ता
42.	Plum	प्लम	आलूचा
43.	Pomegranate	पोमीग्रेनेट	अनार
44.	Pyrus malus	पाइरस मैलस	बब्बूगोशा
45.	Plantain	प्लैन्टेन	केला
46.	Raisin	रेजिन	किशमिश
47.	Sapodilla	सेपोडिल्ला	चीकू
48.	Sole	सोल	आलू बुखारा
49.	Sour Cherry	सोर चेरी	खट्टी चेरी
50.	Sugarcane	शुगरकेन	गन्ना
51.	Water-melon	वॉटर मेलन	तरबूज
52.	Water-nut	वॉटर नट	सिंघाड़ा

Trees and Plants

S.No.	English	Pronunciation	Meaning
1.	Acacia	अकेशिया	बबूल
2.	Apple tree	ऐपल ट्री	सेब का पेड़
3.	Abbizzia Labbek	अब्बिज़्आ लेबेक	सिरस
4.	Bamboo	बैम्बू	बाँस
5.	Banyan	बैनियान	बरगद
6.	Betel-nut tree	बीटल नट ट्री	सुपारी का पेड़
7.	Birch	बर्च	भोजपत्र
8.	Teak	टीक	सागवान
9.	Cactus	कैक्टस	थूहर
10.	Cane	केन	बेंत
11.	Cedar	सीडार	देवदार
12.	Cypress	साइप्रेस	सरू
13.	Coco	कोको	नारियल का पेड़
14.	Creeper	क्रीपर	लता, बेल
15.	Conifer	कॉनिफर	झाऊ वृक्ष
16.	Date-palm	डेट-पॉम	खजूर का पेड़
17.	Ebony	इबानी	आबनूस
18.	Elaeocarpus	एलियोकारपस	रुद्राक्ष
19.	Fig	फिग	अंजीर
20.	Flax	फ्लैक्स	सन
21.	Grass	ग्रास	घास
22.	Guava	गुआवा	अमरूद
23.	Grape-vine	ग्रेप-वाइन	अंगूर की बेल
25.	Indigo	इन्डिगो	नील
26.	Jack tree	जैक ट्री	कटहल का पेड़
27.	Jute	जूट	पटसन
28.	Mahogany	माहोगेनी	महोगनी
29.	Mango tree	मैंगो ट्री	ताड़ का पेड़
30.	Neem	नीम	नीम
31.	Oak	ओक	बलतू
32.	Peepal tree	पीपल ट्री	पीपल का पेड़
33.	Plam tree	पॉम ट्री	ताड़ का पेड़
34.	Paddy	पैडी	धान का पौधा

S.No.	English	Pronunciation	Meaning
35.	Pine	पाइन	चीड़ का पेड़
36.	Polyalthia	पोलयाल्थिया	अशोक
37.	Sandal	सन्दल	चन्दन
38.	Sal tree	साल ट्री	साल का पेड़
39.	Shrub	श्रब	झाड़ी
40.	Silk cotton	सिल्क कॉटन	सेमल
41.	Stamen	स्टेमेन	जीरा
42.	Sugarcane	शूगर केन	गन्ना
43.	Sheesham	शीशम	शीशम
44.	Teek	टीक	सागवान

Name of Parts of Trees and Plants

S.No.	English	Pronunciation	Meaning
1.	Bark	बार्क	छाल
2.	Branch	ब्रांच	टहनी, शाखा
3.	Bud	बड	कली
4.	Bulb	बल्ब	कन्द
5.	Bush	बुश	झाड़ी
6.	Bubil	ब्यूबिल	पत्रकन्द
7.	Coir	कॉयर	जटा
8.	Conifer	कॉनिफर	झाऊ
9.	Fibre	फाइबर	रेशा
10.	Flower	फ्लॉवर	फूल
11.	Fruit	फ्रूट	फल
12.	Graft	ग्राफ्ट	कलम
13.	Germ	जर्म	अंकुर
14.	Gum	गम	गोंद
15.	Juice	जूस	रस
16.	Leaf	लीफ	पत्ता
17.	Pistil	पिस्टिल	गर्भ केसर
18.	Pollen grain	पोलेन ग्रेन	परागकण
19.	Pollen tube	पोलेन ट्यूब	पराग नलिका
20.	Pulp	पल्प	गूदा
21.	Root	रूट	जड़

S.No.	English	Pronunciation	Meaning
22.	Root stalk	रूट स्टॉक	प्रकन्द
23.	Seed	सीड	बीज
24.	Skin	स्किन	छिलका
25.	Sprout	स्प्राउट	अंकुर
26.	Stamen	स्टेमैन	युमंग, पुष्प केसर
27.	Stem	स्टैम	धड़
28.	Thorn	थॉर्न	काँटा
29.	Trunk	ट्रंक	तना
30.	Wood	वुड	लकड़ी

Name of Cereals/Grains

S.No.	English	Pronunciation	Meaning
1.	Barley	बार्ली	जौ
2.	Beaten paddy	बीटन पैडी	चिवड़े
3.	Bran	ब्रान	चोकर
4.	Buck wheat	बक व्हीट	मोथा
5.	Cluster bean	क्लस्टर बीन	ग्वार
6.	Corn	कॉर्न	अनाज, दाना
7.	Castor seed	कास्टर-सीड	अरण्डी
8.	Flour	फ्लोर	आटा
9.	Fine flour	फाईन फ्लोर	मैदा
10.	Field pea	फील्ड पी	गोल मटर
11.	Grain	ग्रेन	अनाज
12.	Gram	ग्राम	चना
13.	Great millet	ग्रेट मिलट	ज्वार
14.	Kidney bean	किडनी बीन	मूँग
15.	Lentil	लैन्टिल	मसूर
16.	Linseed	लिनसीड	अलसी
17.	Maize	मैज	मकई
18.	Millet	मिलैट	बाजरा, ज्वार
19.	Mustard	मस्टर्ड	सरसों, राई
20.	Oat	ओट	जई
21.	Paddy	पैडी	धान
22.	Pea	पी	मटर

S.No.	English	Pronunciation	Meaning
23.	Pigeon pea	पिजन पी	अरहर
24.	Phaseolies mungo	फैसियोलीज मंगो	उड़द
25.	Pearl millet	पर्ल मिलैट	बाजरा
26.	Poppy seed	पॉपी सीड	पोस्त
27.	Pulse	पल्स	दाल
28.	Rice	राईस	चावल
29.	Sago	सागो	साबूदाना
30.	Sesamum	सीसेमम	तिल
31.	Semolina	सैमोलीना	सूजी
32.	Wheat	व्हीट	गेहूँ
33.	Vermicelli	वर्मीसेली	सेवइयाँ

Name of Some Eatables and Potables

S.No.	English	Pronunciation	Meaning
1.	Arrow-root	ऐरोरूट	अरारोट
2.	Bacon	बैकन	सूअर का मांस
3.	Beef	बीफ	गाय का मांस
4.	Breakfast	ब्रेकफास्ट	कलेवा, नाश्ता
5.	Biscuit	बिसकिट	बिस्कुट
6.	Broth	ब्रोथ	शोरबा, रसा
7.	Butter	बटर	मक्खन
8.	Bread	ब्रेड	रोटी
9.	Boiled rice	बॉयल्ड राइस	भात
10.	Butter milk	बटर मिल्क	छाछ
11.	Brandy	ब्रैण्डी	ब्राण्डी शराब
12.	Betel	बीटल	पान
13.	Bidi	बीड़ी	बीड़ी
14.	Cake	केक	केक
15.	Cheese	चीज	पनीर
16.	Clarified butter	क्लैरीफाईड बटर	घी
17.	Coffee	कॉफी	कहवा
18.	Comfit	काम्फिट	इलायची दाना
19.	Cream	क्रीम	मलाई
20.	Cocoa	कोको	कोको

S.No.	English	Pronunciation	Meaning
21.	Cigar	सिगार	धुरुट
22.	Cigarette	सिगरेट	सिगरेट
23.	Curd	कर्ड	दही
24.	Curry	करी	कढ़ी
25.	Chapati	चपाती	रोटी
26.	Condensed milk	कण्डैन्स्ड मिल्क	गाढ़ा दूध
27.	Corn-flour	कार्न फ्लोर	मकई आटा
28.	Dinner	डिनर	रात्रि का भोजन
29.	Frumenty	फ्रमण्टी	खीर, दलिया
30.	Feast	फीस्ट	दावत
31.	Field pea	फील्ड पी	गोल मटर
32.	Flesh	फ्लैश	कच्चा मांस
33.	Flour	फ्लोर	आटा
34.	Food	फूड	भोजन
35.	Gruel	ग्रूएल	दलिया
36.	Honey	हनी	शहद
37.	Ice	आइस	बर्फ
38.	Ice-cream	आइस-क्रीम	कुल्फी
39.	Jaggery	जैगरी	गुड़
40.	Jam	जैम	मुरब्बा
41.	Loaf	लोफ	पाव रोटी
42.	Lemon juice	लेमन ज्यूस	नींबू का रस
43.	Loaf sugar	लोफ शुगर	शकर
44.	Meat	मीट	मांस
45.	Mid-day meal	मिड डे मील	दोपहर का भोजन
46.	Milk	मिल्क	दूध
47.	Minced meat	मिन्स्ड मीट	कीमा
48.	Mutton	मटन	बकरे का मांस
49.	Meal	मील	भोजन
50.	Molasses	मोलैसेज	शीरा, राब
51.	Oil	ऑयल	तेल
52.	Opium	ओपियम	अफीम
53.	Puffed rice	पफ्ड राईस	मुरमुरा
54.	Pickle	पिकल	अचार

S.No.	English	Pronunciation	Meaning
55.	Poppy	पोपी	पोस्त
56.	Porridge	पोरिज	हलवा
57.	Pork	पोर्क	सूअर का मांस
58.	Pudding	पुडिंग	दलिया
59.	Parched rice	पार्च्ड राइस	लावा
60.	Sago	सागो	साबूदाना
61.	Snacks	स्नैक्स	जलपान
62.	Sauce	सॉस	चटनी
63.	Soup	सूप	शोरबा
64.	Sugar candy	शुगर कैण्डी	मिश्री
65.	Supper	सपर	रात का भोजन
66.	Sweet	स्वीट	मिठाई
67.	Syrup	सिरप	शर्बत
68.	Surti	सुर्ती	सुर्ती
69.	Smoking	स्मोकिंग	धूम्रपान
70.	Tea	टी	चाय
71.	Tiffin	टिफिन	जलपान
72.	Treacle	ट्रीकल	राब, खाण्ड
73.	Whey	व्हे	मट्ठा
74.	Vinegar	विनेगर	सिरका
75.	Wine	वाइन	मदिरा

Name of Spices and Grocery Items

S.No.	English	Pronunciation	Meaning
1.	Aconite	ऐकोनाइट	कुचला
2.	Aloe	अलो	अगरू
3.	Alum	एलम	फिटकरी
3.	Alum	एलम	फिटकरी
4.	Arsenic	ऑर्सेनिक	संखिया
5.	Aniseed	एनीसीड	सौंफ
6.	Asafoetida	आसाफीटिडा	हींग
7.	Aflatoon	अफलातून	गूगल
8.	Alkali	अलकली	सज्जीखार
9.	Acid	एसिड	अम्ल
10.	Basil	बेसिल	तुलसी

S.No.	English	Pronunciation	Meaning
11.	Barilla	*बरिला*	सब्जखार
12.	Bay leaf	*बे लीफ*	तेजपत्ता
13.	Belladona	*बैलाडोना*	धतूरा
14.	Betel-nut	*बीटल-नट*	सुपारी
15.	Black- pepper	*ब्लेक पैपर*	काली मिर्च
16.	Bitumen	*बिटुमेन*	शिलाजीत
17.	Borax	*बोरक्स*	सुहागा
18.	Bonezin	*बोरनजीन*	लोबान
19.	Bamboo camphor	*बैम्बू-कैम्फर*	वंश लोचन
20.	Caraway	*कैरावे*	अजवायन
21.	Camphor	*कैम्फर*	कपूर
22.	Cassia	*केसिया*	तेजपात
23.	Catechu	*कैटेचू*	कत्था
24.	Cinnamon	*सिनेमन*	दाल चीनी
25.	Chirata	*चिराता*	चिरायता
26.	Clove	*क्लोव*	लौंग
27.	Cocaine	*कोकेन*	कोकीन
28.	Coriander seed	*कोरिएण्डर सीड*	धनिया
29.	Cardamom	*कार्डमम*	इलायची
30.	Cumin seed	*क्यूमिन सीड*	जीरा
31.	Carbonate of soda	*कार्बोनेट ऑफ सोडा*	पापड़ खार
32.	Cubeb	*क्यूबेब*	कबाब चीनी
33.	Chilli	*चिली*	लाल मिर्च
34.	Dry ginger	*ड्राई जिंजर*	सौंठ
35.	Gall-nut	*गॉल नट*	माजूफल
36.	Indian madder	*इण्डियन मैडर*	मजीठ
37.	Hemp	*हैम्प*	भांग
38.	Hog plums	*हॉग प्लम्स*	आँवला
39.	Linseed	*लिनसीड*	अलसी
40.	Liquorice	*लिकॉरिस*	मुलेठी
41.	Litharge	*लिथार्ज*	सफेदा
42.	Long pepper	*लॉग पैपर*	पीपल
43.	Mace	*मेस*	जावित्री
44.	Mangosteen	*मैंगोस्टीन*	अमचूर

S.No.	English	Pronunciation	Meaning
45.	Menthol	मेंथॉल	पोदीने का सत
46.	Musk	मस्क	कस्तूरी
47.	Mustard	मस्टर्ड	सरसों
48.	Myrobalan	माइरोबालान	हर्र, हरड़
49.	Nigella	नाइजेला	कलौंजी
50.	Nux vomica	नक्स वोमीका	कुचला
51.	Nutmeg	नटमेग	जायफल
52.	Nitre	नाइटर	सुरिया खान
53.	Niger	नाइगर	तिली का तेल
54.	Oat	ओट	जर्ई
55.	Origanum	ओरिगैनम	शिकाकाई
56.	Pellitory	पेलिटोरी	अकरकरा
57.	Pepper	पीपर	मिर्च
58.	Pepper root	पेपर रूट	पीपल मूल
59.	Parsley	पारस्ले	अजवायन
60.	Pistil	पिस्टिल	गर्म केसर
61.	Poppy seed	पोपी सीड	खसखस
62.	Phyllanthus emblice	फिलेंथस एम्बलीका	आँवला
63.	Red pepper	रेड पेपर	लाल मिर्च
64.	Rock salt	रॉक साल्ट	सेंधा नमक
65.	Red powder	रैड पाउडर	अबीर
66.	Ruddle	रडल	गेरू
67.	Saffron	सैफ्रन	केसर
68.	Salt	साल्ट	नमक
69.	Sal-ammoniac	साल- अमोनिआक	नौसादर
70.	Saltpetre	साल्टपीटर	शोरा
71.	Sandal	सन्दल	चन्दन
72.	Senna	सैना	सनाय
73.	Soap-nut	सोप नट	रीठा
74.	Stamen	स्टेमन	जीरा
75.	Tamarind	टैमेरिण्ड	इमली
76.	Turmeric	टरमैरिक	हल्दी
77.	Vitriol	विट्रिऑल	कसीसा
78.	Yeast	यीस्ट	खमीर

Conditions of the Body and Diseases

S.No.	English	Pronunciation	Meaning
1.	Abortion	अबॉर्शन	गर्भपात
2.	Acne	एक्ने	मुहासों का रोग
3.	Acidity	एसिडिटी	अम्ल पित्त
4.	Anaemia	एनीमिया	खून की कमी
5.	Asthma	अस्थमा	दमा
6.	Asphyxia	असफिक्सिया	दम घुटना
7.	Amnesia	एम्नीसिया	स्मृति विभ्रम, भूलने की बीमारी
8.	Antiseptic	एण्टिसैप्टिक	संक्रमण- प्रतिरोधी
9.	Anorexia	अनोरैक्सीया	अरुचि
10.	Bald	बॉल्ड	गंजा
11.	Belching	बेल्चिंग	डकार
12.	Blind	ब्लाइण्ड	अन्धा
13.	Boil	बॉयल	फोड़ा
14.	Breath	ब्रैथ	साँस
15.	Bronchitis	ब्राँकाइटिस	कास, कण्ठ की सूजन
16.	Bubu	ब्यूबो	गिलटी
17.	Blood-flux	ब्लड-फलक्स	रक्तातिसार
18.	Conjunctivitis	कानजांक्टिवाईटिस	नेत्र पीड़ा
19.	Cataract	कैटारक्ट	मोतियाबिन्द
20.	Caries	कैरीज	दाँत में गड्ढ़ा
21.	Catarrh	कॅटार	जुकाम
22.	Chill	चिल	शीतल
23.	Cold	कोल्ड	ठण्डक
24.	Cough	कॉफ	खाँसी
25.	Consumption	कन्सम्प्शन	क्षय रोग
26.	Colic pain	कॉलिक पेन	उदर शूल
27.	Constipation	कॉन्स्टिपेशन	कब्ज
28.	Cholera	कॉलरा	हैजा
29.	Corns	कार्न्स	बिवाई फटना
30.	Carbuncle	कार्बन्कल	जहरबाद
31.	Canker	कैंकर	कीड़े पड़ना
32.	Coryza	कराईजा	जुकाम, नजला
33.	Deaf	डेफ	बहरा
34.	Dengue	डैंगू	लंगड़ा बुखार

S.No.	English	Pronunciation	Meaning
35.	Diabetes	डाइबेटिज	मधुमेह
36.	Diarrhoea	डायरिया	अतिसार
37.	Dropsy	ड्रॉप्सी	जलोदर
38.	Dumb	डंब	गूंगा
39.	Dysentery	डिसैन्टरी	पेचिश, आँव
40.	Dwarf	ड्वार्फ	बौना
41.	Debility	डेबिलिटी	कमजोरी
42.	Diptheria	डिफ्थीरिया	कंठरोहिणी
43.	Dyspepisa	डिसपैप्सिया	अजीर्ण
44.	Eczema	एक्जीमा	उकवत, छाजन
45.	Epilepsy	ऐपिलैप्सी	मिरगी
46.	Eunuch	यूनक	नपुंसक
47.	Eyesore	आईसोर	आँखों का दुखना
48.	Epistaxes	एपिसटैक्सिस	रक्तपित्त
49.	Emissions	इमिशन्स	स्वप्नदोष
50.	Eschal	एस्चाल	फफोले
51.	Elephantiasis	ऐलिफैण्टियासिस	फीलपाँव
52.	Fever	फीवर	बुखार, ज्वर
53.	Fistula	फिस्टुला	भगन्दर
54.	Fainting	फेंटिंग	बेहोशी
55.	Giddiness	गिडिनैस	चक्कर आना
56.	Gland	ग्लैण्ड	गिल्टी
57.	Griping	ग्राइपिंग	पेट की ऐंठन
58.	Goitre	गॉइटर	गलगण्ड
59.	Gonorrhoea	गॉनोरिया	सूजाक
60.	Gout	गाउट	गाँठ पड़ना
61.	Hunch-backed	हंच-बैक्ड	कुबड़ा
62.	Headache	हैडएक	सिर दर्द
63.	Hiccup	हिक्कप	हिचकी
64.	Hoarseness	होर्सनैस	गला बैठना
65.	Hysteria	हिस्टीरिया	मूर्छा रोग
66.	Hernia	हरनिया	हर्निया
67.	Hydrocele	हाइड्रोसील	अण्डकोश वृद्धि
68.	Haemorrhage	हेमोरेज	लहू बहना
69.	Hypermetropia	हाइपरमेट्रोपिया	दृष्टि का रोग
70.	Hurt	हर्ट	चोट

S.No.	English	Pronunciation	Meaning
71.	Insomnia	*इन्सोमनिया*	नींद न आना
72.	Influenza	*इन्फ्लूऐंजा*	मोतिझरा
73.	Indigestion	*इण्डाइजेशन*	अपच
74.	Itch	*इच*	खुजली
75.	Insanity	*इनसैनिटी*	पागलपन
76.	Iritis	*आइरीटिस*	बिलनी
77.	Jaundice	*जाण्डिस*	पीलिया
78.	Lame	*लेम*	लंगड़ा
79.	Lock-jaw	*लॉक-जॉ*	दाँत बैठना
80.	Lumbago	*लुम्बेगो*	कमर दर्द
81.	Leucorrhoea	*लिकोरिया*	श्वेत प्रदर
82.	Leprosy	*लेप्रोसी*	कुष्ट रोग
83.	Leucoderma	*ल्यूकोडरमा*	श्वेत कुष्ट
84.	Lunacy	*लूनेसी*	पागलपन
85.	Madness	*मैडनैस*	पागलपन
86.	Measles	*मीजल्स*	खसरा
87.	Myopia	*मायोपिया*	दृष्टि का रोग
88.	Malaria	*मलेरिया*	मलेरिया ज्वर
89.	Melena	*मेलिना*	खूनी दस्त
90.	Mole	*मोल*	मस्सा
91.	Mumps	*मम्प्स*	कनफेड़ा
92.	Night blindness	*नाइट- ब्लाईंडनैस*	रतौंधी
93.	Nausea	*नॉसिया*	जी मिचलाना
94.	Narcolepsy	*नार्कोलेप्सी*	निद्रा रोग
95.	Obesity	*ओबेसिटी*	मोटापा
96.	One-eyed	*वन आईड*	काना
97.	Ortitis	*आरटिटस*	कर्ण रोग
98.	Pain	*पेन*	दर्द
99.	Palpitation	*पल्पीटेशन*	धड़कन
100.	Piles	*पाइल्स*	बवासीर
101.	Pimple	*पिम्पल*	फुंसी
102.	Plague	*प्लेग*	प्लेग, महामारी
103.	Phlegm	*फ्लेज्म*	बलगम
104.	Paralysis	*पैरालिसिस*	लकवा
105.	Pus	*पस*	पीप
106.	Pneumonia	*न्यूमोनिया*	न्यूमोनिया

S.No.	English	Pronunciation	Meaning
107.	Phycosus	फाईकोसस्	दुस्साध्य उन्माद
108.	Phthisis	पाईथिसिस	राजयक्ष्मा रोग
109.	Rheumatism	रुमाटिज्म	गठिया
110.	Ring worm	रिंग वर्म	दाद
111.	Saliva	सलिवा	लाल
112.	Scabies	स्केबीज	खाज
113.	Short sightedness	शॉर्ट- साइटेडनैस	अल्प/ मन्ददृष्टि
114.	Sneezing	स्नीजिंग	छींक
115.	Sore	सोर	व्रण
116.	Sun stroke	सन स्ट्रोक	लू लगना
117.	Small pox	स्मॉल-पॉक्स	शीतला चेचक
118.	Spittle	स्पिटल	थूक
119.	Sprain	स्प्रेन	मोच
120.	Stool	स्टूल	विष्टा मल
121.	Swelling	स्वैलिंग	सूजन
122.	Sweat	स्वैट	पसीना
123.	Syphilis	सिफिलिस	आन्तराक, गर्मी
124.	Squint-eyed	स्क्विंट-आईड	ऐंचा
125.	Scrofula	स्क्रॉफुला	कंठमाला
126.	Stone	स्टोन	पथरी
127.	Semen	सिमेन	वीर्य
128.	Stammer	स्टैमर	हकलाना
129.	Sprue	स्प्रू	संग्रहणी
130.	Spesis	स्पेसिस	विषाक्त खून होना
131.	Sinus	साइनस	नासूर
132.	Tonsil	टॉन्सिल	गलसुआ
133.	Tumour	ट्यूमर	गाँठ, गिल्टी
134.	Typhoid	टॉयफाइड	मोतीझारा
135.	Typhus	टॉयफस	काला ज्वर
136.	Tuberculosis	ट्यूबरक्यूलासिस	टी. बी.
137.	Urine	यूरीन	मूत्र
138.	Ulcer	अल्सर	नासूर
139.	Vomit	वोमिट	कै/उल्टी करना
140.	Vertigo	वर्टिगो	चक्कर आना
141.	Yawn	यॉन	जंभाई
142.	Worm	वर्म	कृमि
143.	Wound	वूण्ड	घाव

Name of Building Parts and Some Buildings

S.No.	English	Pronunciation	Meaning
1.	Arch	आर्च	वृतखण्ड
2.	Attic	अटिक	अटारी
3.	Aviary	एवियरी	चिड़ियाखाना
4.	Bar	बार	छड़
5.	Barrack	बैरेक	सेना निवास
6.	Bath-room	बॉथरूम	स्नानगृह
7.	Battlement	बैटलमैंट	मुण्डेर
8.	Bedroom	बैडरूम	शयनागार
9.	Booking office	बुा़केंग- ऑफिस	टिकटघर
10.	Bracket	ब्रैकिट	कोनिया
11.	Bungalow	बंगलो	बंगला
12.	Building	बिल्डिंग	इमारत
13.	Balcony	बाल्कनी	बरामदा
14.	Brick	ब्रिक	ईंट
15.	Bolt	बोल्ट	चटखनी
16.	Church	चर्च	गिरजाघर
17.	College	कॉलेज	महाविद्यालय
18.	Cement	सीमेन्ट	सीमेन्ट
19.	Courtyard	कोर्टयार्ड	सहन (आँगन)
20.	Cell	सैल	तहखाना
21.	Cornice	कॉर्निस	कार्निस
22.	Ceiling	सीलिंग	छत
23.	Cottage	कॉटेज	झोंपड़ी
24.	Chimney	चिमनी	धुआँकश
25.	Cloister	क्लॉयस्टर	मठ
26.	Dais	डायस	मचान
27.	Dome	डोम	गुम्बद
28.	Door	डोर	दरवाजा
29.	Door frame	डोर फ्रेम	चौखट
30.	Door still	डोर सिल	देहली
31.	Drain	ड्रेन	नावदान, नाली
32.	Factory	फैक्ट्री	कारखाना
33.	Floor	फ्लोर	फर्श
34.	Fort	फोर्ट	किला

S.No.	English	Pronunciation	Meaning
35.	Foundation	फाऊण्डेशन	नींव, बुनियाद
36.	Fountain	फाऊन्टेन	फव्वारा
37.	Gate	गेट	दरवाजा
38.	Grating	ग्रेटिंग	जाली
39.	Girder	गर्डर	गाटर
40.	Gutter	गटर	परनाला
41.	Granary	ग्रेनरी	खलिहान
42.	Gymnasium	जिम्नेजिअम	व्यायामशाला
43.	House	हाउस	मकान
44.	Hamlet	हैमलेट	गाँव
45.	Hermitage	हर्मिटेज	साधु की कुटी
46.	Hospital	हॉस्पिटल	अस्पताल
47.	Hotel	होटल	भोजनालय
48.	Hinge	हिंज	कब्जा
49.	Hall	हॉल	बड़ा कमरा
50.	Hook	हुक	हुक
51.	Inn	[illegible]	सराय
52.	Kitchen	किचन	[illegible]
53.	Latch	लैच	चटखनी
54.	Laboratory	लैबोरेट्री	प्रयोगशाला
55.	Latrine	लैट्रीन	शोचालय
56.	Lattice	लैटिस	जाली
57.	Lunatic Asylum	ल्यूनेटिक एसीलम	पागलखाना
58.	Library	लायब्रेरी	पुस्तकालय
59.	Lime	लाइम	चूना
60.	Ladder	लैडर	सीढ़ी
61.	Mosque	मॉस्क्यू	मस्जिद
62.	Mud	मड	कीचड़
63.	Minaret	मिनारेट	मस्जिद की मीनार
64.	Niche	निचे	आला
65.	Nail	नेल	कील

Young Ones of Animals and Birds

1.	Ass	Foal
2.	Bear	Cub
3.	Bird	Birdie

4.	Buffalo	Calf
5.	Bitch	Puppy
6.	Cat	Kitten
7.	Camel	Calf
8.	Cow	Calf
9.	Deer	Fawn
10.	Dog	Puppy
11.	Duck	Duckling
12.	Ewe	Lamp
13.	Fly	Maggot
14.	Frog	Tadpole
15.	Fox	Cub
16.	Giraffe	Calf
17.	Goat	Kid, Billy
18.	Goose	Gosling
19.	Gorilla	Infant
20.	Hare	Leveret
21.	Hen	Chicken
22.	Horse	Colt
23.	Lion	Cub
24.	Mare	Colt
25.	Monkey	Infant
26.	Owl	Owlet
27.	Parrot	Chick
28.	Sheep	Lamb
29.	Stag	Fawn
30.	Swan	Cygnet
31.	Swine	Pig
32.	Tiger	Cub

Cries of Creatures

S.No.	English	Pronunciation	Meaning
1.	Baa	बॉ	बोंबियाना
2.	Bark	बार्क	भौंकना
3.	Bay	बे	शिकारी कुत्तों का भौंकना
4.	Bellow	बिलो	रंभाना, डकराना
5.	Bleat	ब्लीट	मिमियाना
6.	Boom	बूम	गूँजना

7.	Bray	ब्रे	रेंकना
8.	Buzz	बज	भिनभिनाना
9.	Cackle	केकल	कुड़कुड़ाना, गूं-गूं करना, कुकड़ू कूं करना
10.	Caw	कॉ	काँव-काँव करना
11.	Chatter	चैटर	टें-टें करना, किकियाना, चिड़चिड़ाना
12.	Chirp	चिर्प	चीं-चीं करना, कर्कश शब्द करना
13.	Cluck	क्लक	खिलखिलाना
14.	Coo	कू	कूकना, गुटकना
15.	Croak	क्रोक	टर्राना
16.	Crow	क्रो	बांग देना
17.	Cry	क्राई	चिल्लाना
18.	Drone	ड्रोन	भिनभिनाना
19.	Gabble	गॅबल	बकबकाना
20.	Gibber	गिबर	बड़बड़ाना
21.	Growl	ग्रॉउल	गुर्राना
22.	Grunt	ग्रंट	घुरघुराना, बलबलाना
23.	Hiss	हिस	सिसकारना, फुफकारना
24.	Hoot	हूट	धत करना
25.	Howl	हॉऊल	गुर्राना, गीदड़ की आवाज करना
26.	Hum	हम	गुनगुनाना, भिनभिनाना
27.	Low	लो	रम्भाना, डकारना
28.	Mew	म्यू	म्याऊँ-म्याऊँ करना
29.	Neigh	ने	हिनहिनाना
30.	Quack	कैक	टर्राना
31.	Roar	रोअर	दहाड़ना
32.	Scream	स्क्रीम	चीखना
33.	Sing	सिंग	गाना
34.	Snarl	स्नार्ल	गुर्राना
35.	Talk	टॉक	टें-टें करना
36.	Trumpet	ट्रम्पेट	चिंघाड़ना
37.	Twitter	ट्विटर	चीं-चीं करना
38.	Yelp	येल्प	कुत्तों का रोना
39.	Warble	वार्बल	कोयल की आवाज

Cries of Some Birds, Animals and Insects

S.No.	Cries	Name of Birds/Animals/Insects
1.	Bark	Dogs (कुत्ते); Foxes (लोमड़ी)
2.	Bellow	Cows (गाएँ); Bulls (बैल)
3.	Bleat	Sheep (भेड़ें); goat (बकरी); Calf (बछड़ा); Lambs (मेमने)
4.	Bray	Donkey/ass (गधा);
5.	Buzz	Bees (मधुमक्खियाँ); flies (मक्खियाँ); wasps (भिण्ड़)
6.	Baa	Sheep (भेड़ें); Lamb (मेमने)
7.	Bay	Hunting dogs/hounds (शिकारी कुत्ते)
8.	Boom	Waves (लहरें); guns (बन्दूकें)
9.	Cackle	Geese (हंस); hen (मुर्गी)
10.	Caw	Crow (कौआ); rook (जंगली कौआ); raven (कौआ/द्रोण, काला)
11.	Chatter	Monkey (बन्दर)
12.	Chrip	Sparrow/bird (चिड़िया); grasshopper (टिड्डा)
13.	Cluck	Hen (मुर्गी)
14.	Coo	Dove (फाख्ता); pigeon (कबूतर)
15.	Croak	Frog (मेंढक)
16.	Crow	Cocks (मुर्गे)
17.	Cry	babies (बच्चे); mole (भीड़); Rook (जंगली कौआ)
18.	Drone	Aircraft (वायुयान); bees (मधुमक्खियाँ)
19.	Gabble	Of people talking inarticulately (लोगों की अस्पष्ट बातें)
20.	Gibber	Monkeys (बंदर); frightened persons (भयभीत व्यक्ति), apes (लंगूर)
21.	Growl	Dog (कुत्ता); thunder (बादलों की आवाज), bear (रीछ)
22.	Grunt	Pigs (सूअर); camel (ऊँट)
23.	Hiss	Snake (साँप); serpents (सर्प)
24.	Hoot	Owl (उल्लू); horn (हॉर्न), siren (साइरन)
25.	Howl	Dog (कुत्ता); wolf (भेड़िया), jackal (गीदड़), wind (वायु) electrical amplifier (विद्युत यन्त्र); tiger (बाघ)
26.	Hum	bees (मधुमक्खियाँ); insects (कीटाणु), flies (मक्खियाँ)
27.	Low	Cattle (पशु); cows (गाएँ)
28.	Mew	Cats (बिल्लियाँ); a sea bird (समुद्री पक्षी)
29.	Neigh	Horse (घोड़ा)
30.	Quack	Duck (बत्तख)
31.	Roar	Lion (शेर); tigers (बाघ), traffic (भीड़)
32.	Scream	Cats (बिल्ली); babies (बच्चे)

S.No.	Cries	Name of Birds/Animals/Insects
33.	Screech	Monkeys (बन्दर); Old ladies (वृद्ध महिलाएँ), wheels (पहिएँ)
34.	Sing	Chorus (मण्डली)
35.	Snarl	Dog (कुत्ता); tiger (बाघ)
36.	Talk	Human beings (मानव)
37.	Trumpet	Elephant (हाथी); brass instruments (पीतल के यन्त्र)
38.	Twitter	Birds/sparrows (चिड़िएँ);
39.	Yelp	Dogs (कुत्ते)
40.	Warble	Larks (अबाबील); nightingale (बुलबुल) Cuckoo (कोयल)

Clothes, Dresses, Wearing Apparels Etc

S.No.	English	Pronunciation	Meaning
1.	Alpaca	*अलपका*	ऊँट के रोए से बना वस्त्र
2.	Banian	*बनियान*	बनियान
3.	Belt	*बैल्ट*	बैल्ट
4.	Bodice	*बॉडिस*	अंगिया
5.	Border	*बॉर्डर*	किनारा
6.	Brasserie	*ब्रेजरी*	चोली
7.	Broad cloth	*ब्रॉड क्लॉथ*	बनात
8.	Brocade	*ब्रोकेड*	जरीदार कपड़ा किमखाब
9.	Button	*बटन*	बटन
10.	Cap	*कैप*	टोपी
11.	Calico	*कैलिको*	दरेस
12.	Canvas	*कैनवस*	किरमिच
13.	Cashmere	*कैशमीअर*	कश्मीरा
14.	Chester	*चैस्टर*	बडा. कोट
15.	Chemise	*शैमीज*	शमीज
16.	Cloth	*क्लॉथ*	कपड़ा
17.	Clothes	*क्लोथ्स*	सिले कपड़े
18.	Cloak gown	*क्लोक गाउन*	लबादा
19.	Chintz	*शींज*	छींट
20.	Coat	*कोट*	कोट
21.	Collar	*कॉलर*	कालर
22.	Cotton	*कॉटन*	सूत, रूई
23.	Crepe	*क्रेप*	महीन कपड़ा
24.	Cushion	*कुशन*	गच्छी, गददी

S.No.	English	Pronunciation	Meaning
25.	Damask	दमश्क	जामदनी
26.	Darn	डार्न	रफू
27.	Diaper	डायपर	कामदानी, पोतड़ा
28.	Dhoti	धोती	धोती
29.	Drill	ड्रिल	जीन
30.	Deep colour	डीप कलर	गहरा रंग
31.	Flannel	फ्लानैल	फलालैन
32.	Frock	फ्रॉक	फ्राक
33.	Gauge	गॉज	जाली
34.	Garters	गार्टर्स	गेलिस
35.	Gloves	ग्लव्स	दस्ताने
36.	Gown	गाउन	चोगा, लबादा
37.	Handkerchief	हैन्डकरचीफ	रुमाल
38.	Hat	हैट	टोप
39.	Half-pant	हाफ पैन्ट	निक्कर
40.	Hem	हैम	मगजी
41.	Hood	हुड	कनटोप
42.	Jacket	जैकेट	जाकेट
43.	Jaconet	जैकोनेट	नैनसुख
44.	Jeans	जीन्स	जीन्स
45.	Jersey	जैरसी	जर्सी
46.	Jumper	जम्पर	जम्पर
47.	Kincker	निकर	निक्कर
48.	Lace	लेस	बेल
49.	Laces	लेसज	तस्में, फीते
50.	Lining	लाइनिंग	अस्तर
51.	Linen	लिनन	मलमल
52.	Loin cloth	लॉइन क्लॉथ	लंगोटी
53.	Long skirt	लांग स्कर्ट	लहँगा
54.	Lappet	लैपेट	चिकन
55.	Loop	लूप	घुण्डी
56.	Mat	मैट	चटाई कपड़ा
57.	Matterss	मैट्रेस	गद्दा, तोशक
58.	Muffler	मफलर	मफलर, गुलुबंद
59.	Muslin	मस्लिन	मलमल
60.	Napkin	नैपकिन	अंगोछा

S.No.	English	Pronunciation	Meaning
61.	Neck-tie	*नैकटाई*	टाई, कंठलंगोट
62.	Overcoat	*ओवरकोट*	बड़ा कोट
63.	Oil cloth	*ऑयल क्लॉथ*	मोमजामा
64.	Pantaloon	*पैन्टेलून*	पतलून
65.	Patch	*पैच*	पैबन्द
66.	Petticoat	*पैटीकोट*	पेटीकोट, साया
67.	Pocket	*पॉकेट*	जेब
68.	Prints	*प्रिन्ट्स*	छपे हुए वस्त्र
69.	Pyjama	*पायजामा*	पायजामा
70.	Quilt	*क्विल्ट*	रजाई
71.	Raincoat	*रेनकोट*	बरसाती
72.	Rug	*रग*	मोटा ऊनी कपड़ा
73.	Saree	*सारी*	साड़ी
74.	Satin	*साटिन*	साटन
75.	Scarf	*स्कार्फ*	दुपट्टा, रुमाल
76.	Serge	*सर्ज*	सरज
77.	Shawl	*शॉल*	शाल
78.	Sheet	*शीट*	चादर
79.	Shirt	*शर्ट*	कमीज
80.	Shirting	*शर्टिंग*	कमीज का कपड़ा
81.	Skirt	*स्कर्ट*	घागरा
82.	Silk	*सिल्क*	रेशम
83.	Shorts	*शार्ट्स*	कच्छा
84.	Suiting	*सूटिंग*	सूट का कपड़ा
85.	Sleeves	*स्लीव्ज*	आस्तीन, बाँहें
86.	Socks	*सॉक्स*	जुराब, मोजे
87.	Stockings	*स्टॉकिंग्स*	लम्बे मोजे
88.	Stays	*स्टेज*	चोली
89.	Stripped Mule	*स्ट्राइप्ड म्यूल*	डोरिया
90.	Sweater	*स्वेटर*	स्वेटर
91.	Tape	*टेप*	फीता
92.	Thread	*थ्रैड*	धागा
93.	Tie	*टाई*	टाई
94.	Trimming	*ट्रिमिंग*	झालर
95.	Towel	*टॉवल*	तौलिया
96.	T-shirt	*टी-शर्ट*	टी-शर्ट

S.No.	English	Pronunciation	Meaning
97.	Tunic	ट्यूनिक	अंगरखा
98.	Turban	टर्बन	पगड़ी, साफा
99.	Trouser	ट्राउजर	पायजामा
100.	Tiring room	टायरिंग रूम	शृंगार कक्ष
101.	Underwear	अन्डरवियर	जाँघिया, कच्छा
102.	Uniform	यूनीफॉर्म	वेशभूषा
103.	Veil	वेल	घूँघट, नकाब
104.	Velvet	वैल्वेट	मखमल
105.	Wool	वूल	ऊन
106.	Waistcoat	वेस्टकोट	वास्कट
107.	Yarn	यार्न	सूत

Stationery Items and Officer Requirements

S.No.	English	Pronunciation	Meaning
1.	Account	एकाउन्ट	लेखा विवरण
2.	Book	बुक	पुस्तक
3.	Almirah	एलमिरा	अलमारी
4.	Balnk paper	ब्लैंक पेपर	कोरा गागज
5.	Black ink	ब्लैक इंक	काली स्याही
6.	Blue-black ink	ब्लू-ब्लैक इंक	नीली-काली स्याही
7.	Blue ink	ब्लू इंक	नीली स्याही
8.	Bench	बैंच	लम्बी चौकी, बैंच
9.	Black board	ब्लैक बोर्ड	श्यामपट
10.	Bodkin	बोडकिन	सूआ
11.	Brush	ब्रुश	ब्रुश
12.	Call bell	कॉल बैल	पुकारने की घंटी
13.	Carbon paper	कारर्बन पेपर	प्रतिलिपि बनाने का कागज
14.	Card	कार्ड	गत्ता
15.	Clip	क्लिप	चिमटी
16.	Copying pencil	कॉपीइंग पैन्सिल	नकल करने की पैन्सिल
17.	Cork	कॉर्क	काग, डाट
18.	Compass	कम्पास	परकार, पैमाना
19.	Crayon	क्रेयन	चॉक पैन्सिल
20.	Counterfoil	काउन्टरफॉइल	आधी रसीद
21.	Carmine ink	कार्माइन इंक	सुर्ख स्याही

S.No.	English	Pronunciation	Meaning
22.	Crow quill	*क्रो क्विल*	बारीक निब
23.	Chalk	*चॉक*	खड़िया
24.	Chair	*चेयर*	कुर्सी
25.	Daily paper	*डेली पेपर*	दैनिक अखबार
26.	Dictionary	*डिक्शनरी*	शब्दकोष
27.	Divider	*डिवाइडर*	परकार
28.	Drawing paper	*ड्राइंग पेपर*	चित्र बनाने का कागज
29.	Drawing pin	*ड्राइंग पिन*	दबाने की पिन
30.	Damper	*डैमपर*	चमकाने वाला
31.	Drawing copy	*ड्राइंग कॉपी*	रेखाचित्र पुस्तिका
32.	Duster	*डस्टर*	झाड़न
33.	Diary	*डायरी*	दैनन्दिनी
34.	Easy Chair	*ईजी चेयर*	आराम कुर्सी
35.	Eraser	*इरेजर*	रबड़
36.	Envelope	*एन्वेलप*	लिफाफा
37.	Exercise book	*एक्सरसाइज बुक*	अभ्यास-पुस्तिका
38.	Fastener	*फास्टनर*	बाँधने वाली डोरी या फीता
39.	File	*फाइल*	फाइल
40.	Fountain pen	*फाउन्टेन पैन*	धारा लेखनी
41.	Foot rule	*फुट रूल*	पैमाना, फुटा
42.	Geometry box	*ज्योमैट्री बॉक्स*	रेखागणित यन्त्र बक्स
43.	Glue	*ग्लू*	सरेस गोंद
44.	Gum	*गम*	गोंद
45.	Holder	*होल्डर*	होल्डर
46.	Ink	*इंक*	स्याही
47.	Inkpot	*इन्कपॉट*	दवात
48.	Ink pad	*इन्क पैड*	स्याही का पैड
49.	Invitation card	*इन्विटेशन कार्ड*	निमन्त्रण पत्र
50.	Inland letter	*इन्लैण्ड लैटर*	अन्तर्देशीय पत्र
51.	Ink-stand	*इन्क स्टैण्ड*	स्याहीदान
52.	Ledger	*लैजर*	लेखाबही
53.	Letter pad	*लैटर पैड*	पत्र लेखन पैड
54.	Magazine	*मैगजीन*	पत्रिका
55.	Map	*मैप*	नक्शा
56.	Mapping pen	*मैपिंग पैन*	बारीक पैन
57.	Nib	*निब*	निब

S.No.	English	Pronunciation	Meaning
58.	Newspaper	न्यूजपेपर	समाचारपत्र
59.	Note-book	नोट बुक	छोटी कॉपी
60.	Office tray	ऑफिस ट्रे	कागज-पत्र रखने की लकड़ी की ट्रे
61.	Paper	पेपर	कागज
62.	Paper-cutter	पेपर कटर	कागज तराश
63.	Paper-cutter	पेपर वेट	कागज दाब
64.	Pencil	पैन्सिल	पैंसिल
65.	Packing paper	पैकिंग पेपर	लपेटने का पेपर
66.	Pocket book	पॉकेट बुक	जेबी किताब
67.	Post card	पोस्ट कार्ड	पोस्टकार्ड
68.	Postage stamp	पोस्टेज स्टाम्प	डाक टिकट
69.	Punch	पंच	छेदनी
70.	Punching Machine	पंचिंग मशीन	छेद करने का यन्त्र
71.	Pin	पिन	पिन, सूईं
72.	Pin cushion	पिन कुशन	पिन लगाने की गद्दी
73.	Pen-rack	पैन रैक	कलमदान
74.	Pastel	पेस्टल	चित्र बनाने के रंग
75.	Pencil cutter	पैन्सिल कटर	चाकू
76.	Pen knife	पैन नाइफ	कलम तराश
77.	Protractor	प्रोट्रैक्टर	चाँदा
78.	Quill pen	क्विल पैन	पंख की कलम
79.	Register	रजिस्टर	खाता, रजिस्टर
80.	Receipt book	रिसीप्ट बुक	रसीद बही
81.	Red ink	रैड इन्क	लाल स्याही
82.	Ribbon	रिबन	फीता
83.	Rubber	रबर	रबड़
84.	Rubber stamp	रबर स्टैम्प	रबड़ की मोहर
85.	Ruler	रूलर	पैमाना
86.	Seal	सील	मोहर
87.	Sealing wax	सीलिंग वैक्स	लाख
88.	Slate	स्लेट	स्लेट
89.	Stool	स्टूल	तिपाई, स्टूल
90.	Steel pen	स्टील पैन	लोहे का पैन
91.	Scribbling book	स्क्रिलिंग बुक	फुटकर लेखन पुस्तिका
92.	Steell pin	स्टील पिन	लोहे की पिन
93.	Scale	स्केल	फुटा, स्केल

S.No.	English	Pronunciation	Meaning
94.	Set-square	सैट स्क्वायर	सैट स्क्वायर
95.	Stencil machine	स्टेन्सिल मशीन	स्टेन्सिल काटने की मशीन
96.	Stencil paper	स्टेन्सिल पेपर	स्टेन्सिल काटने का कागज
97.	Tape	टेप	फीता
98.	Tag	टैग	धागा, डोरी
99.	Tracing paper	ट्रेसिंग पेपर	अक्स उतारने का कागज
100.	Typewriter	टाइपराइटर	टंकण मशीन
101.	Table	टेबल	मेज
102.	Visting card	विजिटिंग कार्ड	भेंट कार्ड
103.	Waste paper basket	वेस्ट पेपर बॉस्केट	रद्‌दी की टोकरी
104.	Wire	वायर	तार
105.	Writing pad	राइटिंग पैड	लेखन पट्‌टी
106.	Writing paper	राइटिंग पेपर	लिखने का कागज
107.	Weekly paper	वीकली पेपर	साप्ताहिक समाचार-पत्र
108.	Wrapping paper	रैपिंग पेपर	लपेटने का कागज

Human Beings at Different Ages

S.No.	English	Pronunciation	Meaning
1.	Adolescent	डोलसेन्ट	किशोर
2.	Adult	अडल्ट	प्रौढ़
3.	Baby	बेबी	नवजात शिशु
4.	Bachelor	बैचलर	कुँवारा
5.	Boy	बॉय	लड़का
6.	Bride	ब्राइड	दुल्हन
7.	Bridegroom	ब्राइडग्रूम	दूल्हा
8.	Child	चाइल्ड	बच्चा
9.	Girl	गर्ल	लड़की
10.	Infant	इन्फैंट	गोद में खेलने वाला बच्चा
11.	Man	मैन	मनुष्य
12.	Mature	मैच्योर	वयस्क
13.	Minor	माइनर	अल्पव्यस्क
14.	Old man	ओल्ड मैन	वृद्ध पुरुष
15.	Old woman	ओल्ड वोमेन	वृद्ध महिला
16.	Orphan	आरफन	अनाथ, यतीम
17.	Spinster	स्पिन्स्टर	चिरकुमारी
18.	Virgin	वरजिन	कुँवारी

S.No.	English	Pronunciation	Meaning
19.	Widow	*विडो*	विधवा
20.	Widower	*विडोवर*	विधुर
21.	Woman	*वोमेन*	महिला
22.	Young	*यंग*	युवा
23.	Young man	*यंग मैन*	नवयुवक
24.	Young woman	*यंग वोमेन*	नवयुवती

Terms Used in Sports and Games

S.No.	English	Pronunciation	Meaning
1.	Athletics	*एथलैटिक्स*	मल्लक्रीड़ा
2.	Badminton	*बैडमिन्टन*	बैडमिन्टन
3.	Badminton court	*बैडमिन्टन कोर्ट*	बैडमिन्टन खेलने का मैदान
4.	Ball	*बॉल*	गेंद
5.	Bandy	*बन्डी*	बर्फ पर खेली जाने वाली हॉकी
6.	Billiards	*बिलियर्ड्स*	रंगीन गेंदों से खेलाजाने वाला खेल
7.	Billiards table	*बिलियर्ड्स टेबल*	बिलियर्ड खेलने की मेज
8.	Basket ball	*बास्केट बॉल*	बास्केटबॉल
9.	Bat	*बैट*	बल्ला
10.	Boxing	*बॉक्सिग*	मुक्केबाजी
11.	Blind man's buff	*ब्लाइंड मैन्स बफ*	आँख मिचौली
12.	Hide and seek	*हाइड एण्ड सीक*	लुका-छिपी
13.	Basket	*बास्केट*	टोकरी
14.	Broad jump	*ब्रॉड जम्प*	चौड़ी कूद
15.	Boxing ring	*बौक्सिग रिंग*	घूँसेबाजी का रिंग
16.	Carrom	*कैरम*	कैरम का खेल
17.	Carrom board	*कैरम बोर्ड*	कैरम खेलने का बोर्ड
18.	Chess	*चैस*	शतरंज
19.	Chess board	*चैस बोर्ड*	शतरंज की बिसात
20.	Chess pieces	*चैस पीसज*	शतरंज के मोहरे
21.	Cricket	*क्रिकेट*	क्रिकेट
22.	Cycle race	*साइकिल रेस*	साइकिल की दौड़
23.	Dice	*डाइस*	चौपड़
24.	Duck and drake	*डक एण्ड ड्रेक*	पानी में खेला जाने वाला एक खेल
25.	Discuss throw	*डिस्कस थ्रो*	गोला फेंक
26.	Football	*फुटबॉल*	फुटबॉल

S.No.	English	Pronunciation	Meaning
27.	Golf	गॉल्फ	गॉल्फ
28.	Golf course	गॉल्फ कोर्स	गॉल्फ का मैदान
29.	Horse race	हॉर्स रेस	घुड़दौड़
30.	High Jump	हाई जम्प	ऊँची कूद
31.	Hunting	हन्टिंग	शिकार
32.	Hockey	हॉकी	हॉकी
33.	Javelin	जैवलिन	भाला
34.	Javelin throw	जैवलिन थ्रो	भाला फेंकना
35.	Jumping	जम्पिग	कूदना
36.	Kite-flying	काइट फ्लाइंग	पतंग उड़ाना
37.	Lacreasse	लैकरॉसे	गेंद का खेल
38.	Long jump	लांग जम्प	लम्बी कूद
39.	Marbles	मार्बल्स	गोली/कंचे का खेल
40.	Ping pong	पिंग पांग	एक प्रकार का टैनिस का खेल
41.	Polo	पोलो	घोड़े पर सवार होकर हॉकी की तरह खेला जाने वाला खेल
42.	Playing cards	प्लेइंग कार्ड्स	ताश का खेल
43.	Race	रेस	दौड़
44.	Racing track	रेसिंग ट्रैक	दौड़ का मैदान
45.	Snake and ladder	स्नेक एण्ड लैडर	साँप सीढ़ी का खेल
46.	Ski-ing	स्कीइंग	बर्फ पर चलने का खेल
47.	Swimming	स्विमिंग	तैराकी
48.	Top	टॉप	लटट्
49.	Tennis	टेनिस	टेनिस
50.	Tennis racket	टेनिस रैकेट	टेनिस का बल्ला
51.	Table tennis	टेबल टेनिस	टेबल टेनिस
52.	Lawn tennis	लॉन टेनिस	घास के मैदान पर खेली जाने वाली टेनिस
53.	Volley ball	वॉली बॉल	बालीबॉल
54.	Vaulting	वॉल्टिग	छलांग मारना
55.	Pole vault	पोल वॉल्ट	बल्ली कूद
56.	Weight lifting	वेट लिफ्टिग	भार उठाना
57.	Wrestling	रैसलिंग	कुश्ती लड़ना
58.	Water polo	वाटर पोलो	पानी में गेंद से खेला जाने वाला खेल
59.	Yoyo	योयो	रबड़ में बँधी गेंद को उछालने का खेल

Name of Directions

S.No.	English	Pronunciation	Meaning
1.	East	ईस्ट	पूर्व
2.	West	वेस्ट	पश्चिम
3.	North	नॉर्थ	उत्तर
4.	South	साउथ	दक्षिण
5.	North-East	नॉर्थ ईस्ट	उत्तर-पूर्व
6.	North-West	नॉर्थ वेस्ट	उत्तर-पश्चिम
7.	South-East	साउथ ईस्ट	दक्षिण-पूर्व
8.	South-West	साउथ वेस्ट	दक्षिण-पश्चिम

Name of Planets in our Solar System

S.No.	English	Pronunciation	Meaning
1.	Earth	अर्थ	पृथ्वी
2.	Jupiter	जुपीटर	बृहस्पति
3.	Mars	मार्स	मंगल
4.	Mercury	मर्करी	बुध
5.	Neptune	नैपचून	वरुण
6.	Pluto	प्लूटो	यम ग्रह, प्लूटो
7.	Saturn	सैटर्न	शनि
8.	Uranus	यूरेनस	यूरेनस
9.	Venus	वीनस	शुक्र

Units Used for Distance and other Measurements

S.No.	English	Pronunciation	Meaning
1.	Bale/Gattha	बेल/गट्ठा	गट्ठा = रिम/ बंडल
2.	Bundle	बेल/गटठा	बंडल = रिम
3.	Dozen	डजन	दर्जन = इकाई
4.	Foot	फुट	फुट = इंच
5.	Furlong	फरलांग	फरलांग = गज
6.	Gross	ग्रॉस	ग्रुस = दर्जन/ इकाई
7.	Inch	इंच	इंच
8.	Knot	नॉट	समुद्री मील = फुट
9.	Mile	माइल	मील = फरलांग = गज
10.	Quire	क्वायर	दस्ता = कागज

S.No.	English	Pronunciation	Meaning
11.	Rim	रिम	रिम = दर्जन/ दस्ते/ कागज
12.	Score	स्कोर	कोड़ी = इकाई
13.	Yard	यार्ड	गज = फुट

Roman Numerals

1. – I	2. – II	3. – III	4. – IV
5. – V	6. – VI	7. – VII	8. – VII
9. – IX	10. – X	11. – XI	12. – XII
13. – XIII	14. – XIV	15. – XV	16. – XVI
17. – XVII	18. – XVIII	19. – XIX	20. – XX
30. – XXX	40. – XL	50. – L	60. – LX
70. – LXX	80. – LXXX	90. – XC	100. – C
150. – CL	200. – CC	300. – CCC	400. – CD
500. – D	600. – DC	700. – DCCC	800. – DCCC
900. – CM	1000. – M	1100. – MC	1200. – MCC
1300. – MCCC	1400. – MCD	1500. – MD	

Name of Seasons

S.No.	English	Pronunciation	Meaning
1.	Autumn	ऑटम	पतझड़
2.	Hemant	हेमन्त	शिशिर ऋतु
3.	Rainy Season	रेनी सीजन	वर्षा ऋतु
4.	Spring	स्प्रिंग	वसन्त ऋतु
5.	Summer	समर	ग्रीष्म ऋतु
6.	Winter	विण्टर	शरद ऋतु

Name of Months

S.No.	English	Pronunciation	Meaning
1.	January	जैन्युअरी	जनवरी
2.	February	फैबर्अरी	फरवरी
3.	March	मार्च	मार्च
4.	April	अप्रिल	अप्रैल
5.	May	मे	मई
6.	June	जून	जून
7.	July	जुलाई	जुलाई

S.No.	English	Pronunciation	Meaning
8.	August	ऑगस्ट	अगस्त
9.	September	सैप्टेम्बर	सितम्बर
10.	October	ऑक्टोबर	अक्टूबर
11.	November	नोवेम्बर	नवम्बर
12.	December	डिसेम्बर	दिसम्बर

Name of Days

S.No.	English	Pronunciation	Meaning
1.	Sunday	सनडे	रविवार
2.	Monday	मनडे	सोमवार
3.	Tuesday	ट्यूजडे	मंगलवार
4.	Wednesday	वैन्सडे	बुधवार
5.	Thursday	थर्सडे	बृहस्पतिवार
6.	Friday	फ्राइडे	शुक्रवार
7.	Saturday	सैटरडे	शनिवार

Time Measure

S.No.	English	Pronunciation	Meaning
1.	Moment	मोमेंट	क्षण, पल
2.	Jiffy	जिफी	पल
3.	Second	सेकण्ड	सेकण्ड
4.	Minute	मिनट	मिनट = 60 सेकण्ड
5.	Hour	ऑवर	घण्टा = 60 मिनट
6.	Day	डे	दिन
7.	Night	नाइट	रात
8.	Morning	मॉर्निंग	प्रातःकाल
9.	Dawn	डॉन	ऊषाकाल
10.	Sunrise	सनराइज	सूर्योदय
11.	Noon	नून	दोपहर
12.	Mid-day	मिड-डे	मध्याह्न
13.	Afternoon	आफ्टरनून	दोपहर बाद
14.	Evening	ईवनिंग	सायंकाल
15.	Dusk	डस्क	गोधूलि वेला
16.	Sun set	सन सैट	सूर्यास्त
17.	Twilight	ट्वाइलाइट	संध्याकाल

S.No.	English	Pronunciation	Meaning
18.	Midnight	*मिडनाइट*	मध्यरात्रि
19.	Week	*वीक*	सप्ताह
20.	Fortnight	*फोर्टनाइट*	पखवाड़ा
21.	Month	*मन्थ*	महीना
22.	Year	*ईयर*	वर्ष
23.	Decade	*डिकेड*	दशक
24.	Century	*सैंचुरी*	शताब्दी
25.	Millennium	*मिलेनियम*	हजार वर्ष
26.	Era/Epoch	*इरा/ईपौक*	युग
27.	Date	*डेट*	तिथि
28.	Today	*टुडे*	आज
29.	Tonight	*टुनाइट*	आज की रात
30.	Yesterday		बीता कल
31.	Yester night	*यस्टर नाइट*	बीती कल की रात
32.	Day before yesterday	*डे बिफोर यस्टरडे*	परसों बीता हुआ दिन
33.	Tomorrow	*टुमौरो*	आने वाला कल
34.	Day after tomorrow	*डे आफ्टर टुमौरो*	आने वाला परसों का दिन
35.	Quarter	*क्वार्टर*	चौथाई
36.	Half	*हाफ*	आधा

Name of Colours

S.No.	English	Pronunciation	Meaning
1.	Azure	*एज्योर*	आसमानी
2.	Black	*ब्लैक*	काला
3.	Blue	*ब्लू*	नीला
4.	Brown	*ब्राउन*	भूरा
5.	Crimson	*क्रिमसन*	गहरा लाल
6.	Dusky	*डस्की*	राख का सा रंग
7.	Golden	*गोल्डन*	सुनहरा
8.	Grey	*ग्रे*	सलेटी
9.	Green	*ग्रीन*	हरा
10.	Indigo	*इन्डिगो*	नीला
11.	Lemon	*लैमन*	हल्का पीला
12.	Maroon	*मैरून*	गहरा सुर्ख
13.	Mauve	*मूव*	चमकीला गुलाबी
14.	Orange	*ऑरेंज*	नारंगी

S.No.	English	Pronunciation	Meaning
15.	Pale	पेल	हल्का पीला
16.	Pink	पिंक	हल्का गुलाबी
17.	Purple	पर्पल	बैंगनी
18.	Red	रैड	लाल
19.	Rosy	रोजी	गुलाबी
20.	Saffron	सैफरन	केसरिया
21.	Violet	वायोलेट	जामुनी
22.	Vermillion	वर्मिलियन	सिन्दूरी
23.	White	व्हाइट	सफेद
24.	Yellow	यलो	पीला

Name of Medical Sciences and Medicines

S.No.	English	Pronunciation	Meaning
1.	Allopathy	एलोपैथी	अंग्रेजी औषधि पद्धति
2.	Ayurvedic	आयुर्वेदिक	भारतीय आयुर्वेदिक पद्धति
3.	Arnica	आर्निका	ज्वरनाशक औषधि
4.	Bandage	बैण्डेज	पट्टी
5.	Bryonia	ब्रायनिया	सर्दी-खाँसी नाशक दवा
6.	Boric Acid	बोरिक एसिड	सेंक करने की दवा
7.	Chemist	कैमिस्ट	दवाएँ बेचने वाला
8.	Castor Oil	कैस्टर ऑयल	अरण्डी का तेल
9.	Caustic Soda	कॉस्टिक सोडा	साबुन बनाने का सोडा
10.	Caustics	कॉस्टिक्स	तेल बनाने की दवा
11.	Cinchona	सिनकोना	नीम का पेड़
12.	Cocaine	कोकेन	सुन्न करने की दवा
13.	Drug	ड्रग	औषधि, दारू, दवाओं का घोल
14.	Dose	डोज	दवा की मात्रा, खुराक
15.	Decoction	डिकॉक्शन	काढ़ा
16.	Distlled water	डिस्टिल्ड वाटर	आसुत जल
17.	Diet	डायट	पथ्य, आहार
18.	Emetic	एमेटिक	वमन, उलटी कराने वाली दवा
19.	Fomentation	फोमेण्टेशन	सेंक, सिकाई
20.	Fumigation	फ्यूमिगेशन	बफारा/धूनी देना
21.	Gargle	गार्गल	कुल्ली/गरारा करने की तरल दवा
22.	Homeopathy	होमिओपैथी	होम्योपैथी पद्धति
23.	Injection	इन्जेक्शन	टीका

S.No.	English	Pronunciation	Meaning
24.	Jalap	जैलप	रेचक (दस्तावर) दवा
25.	Lancet	लैन्सेट	नश्तर
26.	Laxative	लैग्जेटिव	जुलाब, विरेचक दवा
27.	Lotion	लोशन	दवा
28.	Mixture	मिक्सचर	तरल दवाइयों का मिश्रण
29.	Nux-vomica	नक्स-वोमिका	कुचला
30.	Opium	ओपियम	अफीम
31.	Operation	ऑपरेशन	चीर-फाड़ करना
32.	Ointment	ऑयन्टमैण्ट	मरहम
33.	Poultice	पोलटिस	फोड़े को ढकने के लिए लेप
34.	Powder	पाउडर	चूर्ण
35.	Plaster	प्लास्टर	लेप
36.	Potassium Permanganate	पोटेशियम-परमैंगनेट	लाल दवा
37.	Purgative	परगैटिव	जुलाब
38.	Phosphorus	फॉस्फोरस	ज्वलनशील पदार्थ
39.	Quinine	क्वीनीन	कुनैन
40.	Spirit	स्पिरिट	चोट पर लगाने वाली दवा
41.	Soda Water	सोडा वाटर	खारा पानी
42.	Snuff	स्नफ	सूँघनी
43.	Tincture	टिंक्चर	चोट की दवा
44.	Table	टैबलेट	गोली
45.	Trional	ट्रायोनल	नशीला पदार्थ
46.	Unani	यूनानी	यूनानी पद्धति
47.	Vaccination	वैक्सीनेशन	चेचक का टीका

Terms Used In Railways

S.No.	English	Meaning
1.	Asstt. Station Master	सहायक स्टेशन मास्टर
2.	Arrival	गाड़ी के आगमन का समय
3.	Advice note	सूचना पत्र
4.	Agent	एजेण्ट, अभिकर्त्ता
5.	Agreement	सहमति
6.	Air-conditioned	वातानुकूलित
7.	Alarm chain	खतरे की जंजीर
8.	Ambulance	अस्पताल गाड़ी
9.	Amenities	सुख-साधन, सुविधाएँ

S.No.	English	Meaning
10.	Avert	बचा लेना
11.	Back light	पिछली बत्ती
12.	Back shunt	पीछे शण्ट करना
13.	Badge	बिल्ला, बैज
14.	Bale	गाँठ
15.	Basic fare	मूल किराया
16.	berth	लेटने या सोने की सीट
17.	Bogie	रेल का डिब्बा
18.	Brake	पहियों को रोकने का यन्त्र
19.	Bolt	चटकनी
20.	Booking luggage	सामान बुक कराना
21.	Booking	टिकट आरक्षित करना
22.	Booking window	टिकट खिड़की
23.	Booking office	टिकट घर
24.	Booking clerk	टिकट बाबू
25.	Brake van	ब्रेक यान
26.	Broad gauge	बड़ी लाइन
27.	Bypass	उपमार्ग
28.	Cabin man	केबिन वाला
29.	Carrier	वाहन, वाहक
30.	Cartage	गाड़ी-भाड़ा, ढुलाई
31.	Caution order	सावधानता आदेश
32.	Clock room	सामान जमा कराने का कमरा
33.	Class	दर्जा, श्रेणी, वर्ग
34.	Classified	वर्गीकृत
35.	Clear signal	निर्बाधता संकेत
36.	Cloak room	अमानती सामान घर
37.	Chain	जंजीर
38.	Charges	भाड़ा, खर्चा, प्रभार
39.	Cheapest route	सबसे सस्ता रास्ता
40.	Coolie	कुली
41.	Complaint book	शिकायत पुस्तिका
42.	Compartment	रेलगाड़ी में डिब्बा
43.	Combined ticket	संयुक्त टिकट
44.	Commercial department	वाणिज्य विभाग
45.	Commercial of enquiry	जाँच समिति

S.No.	English	Meaning
46.	Compartment	खाना, कक्ष
47.	Competent authority	समर्थ अधिकारी
48.	Collision	आमने-सामने की टक्कर
49.	Consign	माल भेजना, प्रेषण
50.	Contraband articles	निषिद्ध वस्तुएँ
51.	Control	नियन्त्रण
52.	Co-passenger	सहयात्री
53.	Counterfeit	जाली
54.	Coupon book	कूपन की किताब
55.	Concession	रियायत, छूट
56.	Carriage	डब्बा
57.	Counter	टिकटघर की खिड़की के बाहर दाम गिनने का स्थान
58.	Consignor	माल भेजने वाला
59.	Consignee	माल पाने वाला
60.	Consignment	माल की खेप
61.	Crane	सामान उठाने वाली मशीन
62.	Cross traffic	पारगामी यातायात
63.	Damage	नुकसान, क्षति
64.	Danger signal	खतरा संकेत
65.	Day duty	दिन की नौकरी, दिन की ड्यूटी
66.	Demurrage	हरजाना
67.	Departure	गाड़ी के छूटने का समय
68.	Dead slow	अत्यन्त धीरे
69.	Delivery	माल छुड़ाई, दे देना, परिदान, वितरण
70.	Dining car	रेल में भोजन व्यवस्था का कमरा
71.	Driver	गाड़ी चलाने वाला
72.	Derail	गाड़ी का पटरी से उतरना
73.	Depreciation	मूल्य, ह्रास प्रभाव
74.	Deputy Chief Controller	उप-मुख्य नियन्त्रक
75.	Deputy Superintendent	उप-स्टेशन अधीक्षक
76.	Despatch note	प्रेषक नोट
77.	Despatching station	प्रेषक स्टेशन
78.	Destination	गनतव्य स्थान, मंजिल
79.	Detach	अलग करना, काटना
80.	Detrain	गाड़ी से उतरना, गाड़ी से उतारना

S.No.	English	Meaning
81.	Diesel engine	डीजल से चलने वाला इंजन
82.	Dispute	झगड़ा, विवाद
83.	Distance	अन्तर, दूरी, फासला
84.	Distant signal	दूर संकेत, दूर सिगनल
85.	Divert	बदलना, पलटना, दूसरे मार्ग
86.	Double line	दोहरी लाइन
87.	Down train	डाउन गाड़ी
88.	Drooping signal	लटकता सिगनल
89.	Dynamo car	डायनमो यान
90.	Electric locomotive	विद्युत इन्जन, बिजली का इन्जन
91.	Electrician	बिजली मिस्त्री
92.	Electric train	विद्युत मिस्त्री
93.	Emergency	आपातकालीन
94.	Empties	खाली डिब्बे
95.	Entrain	गाड़ी में चढ़ना, गाड़ी में चढ़ाना
96.	Enquiry office	पूछताछ कार्यालय
97.	Excess luggage	अतिरिक्त सामान
98.	Exit gate	निकास द्वार, बाहार जाने का रास्ता
99.	Express train	तीव्रगामी गाड़ी
100.	Fare	किराया
101.	Fare-table	किराया सारिणी
102.	Fishplate	दो पटरी जोड़ने के लिए लोहे की प्लेट
103.	Fireman	इंजन में भट्टी पर काम करने वाला
104.	Footpath	पगडण्डी
105.	Free allowance	वजन की छूट
106.	Free goods	निःशुल्क माल
107.	Free pass	मुफ्त पास
108.	Freight	माल भाड़ा
109.	Guard	रेलगाड़ी नियन्त्रक
110.	Goods clerk	माल बाबू
111.	Goods shed	माल गोदाम
112.	Goods siding	माल साइडिंग
113.	Goods train	मालगाड़ी
114.	Gross weight	कुल भार
115.	Guard's van	गार्ड का डिब्बा

S.No.	English	Meaning
116.	Hag Station or halt	छोटा स्टेशन जहाँ स्थानीय (लोकल) गाड़ियाँ रुकती हैं
117.	Halting place	विराम-स्थान
118.	Hand brake	हाथ ब्रेक
119.	Hand shunting	हाथ शन्टिंग
120.	Hawker	खोमचे वाला, फेरी वाला
121.	Head on collision	सामने की टक्कर
122.	Invalid chair	निबल कुर्सी
123.	Invalid passenger	निबल यात्री
124.	Lamproom	दीपघर
125.	Lever man	लीवर वाला
126.	Licensee	लाइसेन्सदार
127.	Line clear	गमन अधिकार
128.	Locoshed	इन्जनघर
129.	Loose consignment	खुला माल
130.	Load van	सवारी गाड़ी में माल ले जाने वाला डिब्बा
131.	Luggage	सामान
132.	Luggage van	सामान यान
133.	Luggage booking office	सामान बुकिंग कार्यालय
134.	Loading	माल गाड़ी में माल का लदान
135.	Lavatory	शौचालय
136.	Mail van	डाक का डिब्बा
137.	Maintenance	देखभाल
138.	Mechanical engineer	यान्त्रिक इन्जीनियर
139.	Medical examination	चिकित्सा जाँच
140.	Massage in code	कूट भाषा में सन्देश
141.	Metre gauge	छोटी लाइन
142.	Monthly ticket	मासिक टिकट
143.	Mutilated ticket	कटा-फटा टिकट
144.	Narrow gauge	सँकरी लाइन
145.	Night duty	रात की ड्यूटी
146.	Night shift	रात की पारी
147.	Open wagon	खुला माल डिब्बा
148.	Operator	परिचालक
149.	Ordinary fare	साधारण किराया
150.	Outer signal	बाहरी सिगनल

S.No.	English	Meaning
151.	Over bridge	ऊपरी पुल
152.	Overtime	अतिरिक्त समय
153.	Paid	अदा किया, दत्त
154.	Passenger train	यात्री गाड़ी
155.	Parcel office	पार्सल दफ्तर, मालघर
156.	Platform	प्लेटफॉर्म
157.	Platform ticket	प्लेटफॉर्म टिकट
158.	Parcel train	पार्सल गाड़ी
159.	Passengers	यात्री
160.	Parcel clerk	पार्सल लेने-देने वाला बाबू
161.	Panalty	दण्ड
162.	Perishable goods	नश्य माल
163.	Permanent restriction	स्थायी प्रतिबन्ध
164.	Pilferage	उठाईगीरी
165.	Pilgrim tax	तीर्थयात्री कर
166.	Punctuality	समय पालन, समय पाबन्दी
167.	Push trolley	हाथ ठेला, हथ ठेला
168.	Privilege pass	सुविधा पास
169.	Rail	पटरी
170.	Restaurant	जलपान गृह
171.	Reservation	आरक्षण
172.	Relieving staff	सहायक कर्मचारी वर्ग
173.	Repair	मरम्मत
174.	Retiringroom	विश्रामालय
175.	Return half	वापसी आधा
176.	Railway Receipt (R/R)	बिल्टी की रसीद
177.	RailwayYard	खाली डिब्बे के खड़ा होने का स्थान
178.	Rest room	विश्राम गृह
179.	Railway Minister	रेल मन्त्री
180.	Railway Mail Service	रेलवे डाक सेवा
181.	Railway Protection Force	रेलवे सुरक्षा बल
182.	Railway staff	रेलवे कर्मचारीगण
183.	Return journey	वापसी यात्रा
184.	Safety	सुरक्षा
185.	Season ticket	अवधि टिकट
186.	Seating accommodation	बैठने का स्थान

S.No.	English	Meaning
187.	Second class	दूसरा दर्जा
188.	Schedule of trains	गाड़ी सारणी
189.	Scheduled time	नियत समय
190.	Scavenger	सफाई करने वाला
191.	Seat	बैठने का स्थान
192.	Shuttle	थोड़ी दूर तक चलने वाली रेलगाड़ी
193.	Signal	सिगनल
194.	Signal cabin	सिगनल नियन्त्रक कक्ष
195.	Side collision	बगली टक्कर
196.	Single journey	इकहरी यात्रा
197.	Sleeper	स्लीपर
198.	Sleeper berth	शायिका
199.	Sleeping car	शयन यान
200.	Stoppage	रुकना
201.	Storekeeper	भण्डारी
202.	Station Master	स्टेशन मास्टर
203.	Stocker	कोयला झौंकने वाला
204.	Station	स्टेशन
205.	Subdued light	धीमी बत्ती
206.	Subway	सुरंग मार्ग
207.	Station Master	स्टेशन मास्टर
208.	Tail lamp	पिछली बत्ती
209.	Tariff	शुल्क दर, प्रशुल्क
210.	Terminal charges	चुंगी
211.	Terminus	अन्तिम स्टेशन
212.	Thick fog	घना कोहरा
213.	Third class	तीसरा दर्जा
214.	Ticket collector	यात्रियों से टिकट लेने वाला
215.	Time table	समय सारिणी
216.	Trolly	पटरी पर चलने वाली चार पहियों वाली गाड़ी जिसमें पटरी की जाँच करने वाले अफसर बैठते हैं
217.	Ticket	टिकट, यात्रा-पत्र
218.	Ticket checker	यात्रियों के टिकटों की जाँच करने वाला
219.	To take delivery	माल छुड़ाना
220.	Transhipped	यानान्तरित

S.No.	English	Meaning
221.	Transportation	परिवहन
222.	Travelling allowance	यात्रा भत्ता
223.	Unclaimed consignment	लावारसी माल
224.	Unremunerative lines	घाटे की लाइन
225.	Under bridge	नीचे का पुल
226.	Wagon	माल डिब्बा
227.	Waiting room	प्रतीक्षालय
228.	Warning signal	चेलावनी संकेत
229.	Wash basin	वॉशबेसिन (हाथ धोने के लिए उपयोग में आने वाला पात्र)
230.	Watch and ward	रक्षा प्रहरी
231.	Way bill	मार्ग पत्रक
232.	Wear and tear	टूट-फूट
233.	Weigh bridge	तुला चौकी
234.	Weight for charge	शुल्क हेतु
235.	Without ticket	बिना टिकट
236.	Workshop	कारखाना

Terms Used in Banks

S.No.	English	Meaning
1.	Account	खाता
2.	Account in operation	सक्रिय खाता
3.	Account department	लेखा विभाग
4.	Account period	लेखा अवधि
5.	Account book	खाता रजिस्टर
6.	Accountant	लेखापाल
7.	Account holder	खातेदार
8.	Advance	अग्रिम
9.	Advice book	सूचना पुस्तक
10.	Agency	एजेंसी
11.	Agent	अभिकर्ता
12.	Amount	राशि
13.	Amount deposited	जमा राशि
14.	Annual closing	वार्षिक बंदी
15.	Apex bank	शिखर बैंक
16.	Assets	सम्पत्ति

S.No.	English	Meaning
17.	Balance sheet	तुलन पत्र
18.	Bank employee	बैंक कर्मचारी
19.	Branch office	शाखा कार्यालय
20.	Bearer cheque	जिस चैक का भुगतान कोई भी व्यक्ति ले सके, वाहक चैक
21.	Bank balance	बैंक के खाते में शेष धन
22.	Bank advance	बैंक उधार
23.	Bank bill	बैंक बिल
24.	Bank call	बैंक लेखा माँग
25.	Bank failure	बैंक फेल होना
26.	Bank facilities	बैंक सुविधाएँ
27.	Banking habit	बैंकिंग आदत
28.	Banking hours	बैंकिंग समय
29.	Bill	बिल, हुंडी
30.	Bill of credit	साख पत्र
31.	Bill of loading	लदान पत्र
32.	Bill at sight	दर्शनी बिल
33.	Book credit	खाता उधार
34.	Book diposit	खाता जमा
35.	Capital	पूँजी
36.	Cash balance	रोकड़ बाकी
37.	Cash certificate	नकदी पत्र
38.	Cash credit	नकद उधार
39.	Cash receipt	नकदी रसीद
40.	Cashier	खजांची
41.	Central bank	केन्द्रीय बैंक
42.	Current Account	चालू खाता
43.	Currency chest	नकदी तिजोरी
44.	Cash Book	रोकड़ बही
45.	Cheque	चैक
46.	Chest	तिजोरी
47.	Cheap money	अल्प ब्याज रुपया, सस्ता द्रव्य
48.	Crossed Cheque	जिस चैक का भुगतान नामधारी के खाते में जमा होकर मिले
49.	Close the Account	खाता बन्द करना
50.	Clearing bank	समाशोधन बैंक

S.No.	English	Meaning
51.	Clearing cheque	समाशोध्य चैक
52.	Clearinghouse	समाशोधन घर
53.	Commercial bank	वाणिज्य बैंक
54.	Co-operative bank	सहकारी बैंक
55.	Collection	वसूली
56.	Consignee	माल पाने वाला
57.	Cosurety	सहप्रतिभूति
58.	Counterfoil	अधपन्ना
59.	Credit	उधार साख
60.	Credit slip	जमा पर्ची
61.	Crossed cheque	रेखित चैक
62.	Debt	ऋण
63.	Debtor	देनदार
64.	Deduct	काटना, घटाना
65.	Demand letter	माँग पत्र
66.	Deposit rates	जमा दर
67.	Discount	बट्‌ट
68.	Dead account	मृत खाता
69.	Draft	रुपया भेजने का पत्रक
70.	Deposit	जमा
71.	Domestic bill	देशीय बिल
72.	Drawee	अदाकर्ता
73.	Endorsee	पृष्ठांकिती, योजना की घोषणा करना
74.	Endorsement	अनुमोदन, पृष्ठांकन, समर्थन
75.	Entry	प्रविष्टि
76.	Exchange at a discount	बट्‌टे पर विनिमय
77.	Expansion	प्रबन्ध खर्च
78.	Head Office	प्रधान कार्यालय
79.	Half Yearly	अर्द्ध-वार्षिक
80.	Interest	ब्याज
81.	Industrial bank	उद्योग बैंक
82.	Facsimile signature	प्रतिकृति हस्ताक्षर
83.	Financial	वित्त सम्बन्धी
84.	Foreign trade	विदेश व्यापार
85.	Full payment	पूरा भुगतान
86.	Forged Cheque	जाली चैक

S.No.	English	Meaning
87.	Fixed Deposit	सावधिक जमा खाता
88.	Good	माल, पण्य
89.	Goodwill	सुनाम
90.	Government draft	सरकारी ड्राफ्ट
91.	Guarantee	गारंटी
92.	Indent	माँग-पत्र
93.	Indigeneous bank	देशी बैंक
94.	Industry	उद्योग
95.	Insolvency	दिवाला
96.	Insurance	बीमा
97.	Insured	बीमाकृत
98.	Investment banker	निवेश बैंकर
99.	Issuing banker	प्रचालक बैंकर
100.	Lease rental	पट्टा किराया
101.	Lending rate	उधार दानपत्र
102.	Letter of guarantee	गारंटी पत्र
103.	Lien	पुनर्ग्रहणाधिकार
104.	Liquidation	परिसमापन, दिवाला
105.	Loan	कर्ज
106.	Loans ledger	कर्ज खाता
107.	Ledger	लेखाबही
108.	Live account	जीवित खाता
109.	Lockers	जिनमें खाताधारी अपना सामान सुरक्षित रखते हैं।
110.	Manager	प्रबन्धक
111.	Manufacturer	निर्माता
112.	Market value	बाजार मूल्य
113.	Moratorium	भुगतान स्थगन
114.	Mortgage	बन्धन रहन
115.	Market price	बाजार भाव
116.	Nationalised	राष्ट्रीयकृत
117.	No account	हिसाब नहीं
118.	No advice	सूचना नहीं
119.	No effects	रुपया नहीं
120.	Order cheque	नामजोग चैक
121.	Overdraft	जमा से अधिक रुपया देना
122.	Over payment	अधिक अदायगी

S.No.	English	Meaning
123.	Open an account	खाता खोलना
124.	Par of exchange	विनिमय सममूल्यता
125.	Payment	रुपया देना
126.	Paying banker	अदाकर्ता बैंकर
127.	Pay-in-slip	रुपया जमा करने की पर्ची
128.	Payee's A/c only	चैक का रुपया केवल खाते में जमा हो
129.	Pass Book	खाते की पुस्तिका
130.	Payees	प्राप्त कर्ता
131.	Receipt	प्राप्ति रसीद
132.	Representative	प्रतिनिधि
133.	Reserve fund	आरक्षित निधि
134.	Reserve ratio	आरक्षण अनुपात, रिजर्व अनुपात
135.	Returning of cheque	चैक लौटाना
136.	Returns	वापिस माल, वापसी बिल, आदि
137.	Scheduled bank	अनुसूचित बैंक
138.	Security deposit	जमानत
139.	Surety	जमानती
140.	Specimen signature	नमूने के हस्ताक्षर
141.	Transactions	लेन-देन
142.	Transfer book	अन्तरण बही
143.	Transfer cheque	अन्तरण चैक
144.	Traveller's Cheque	यात्री चैक
145.	Unsecured loan	अरक्षित कर्ज
146.	Voucher	वाउचर
147.	Withdrawal	पैसा निकालना

Terms Used in Post and Telegraph Department

S.No.	English	Meaning
1.	Air Mail	हवाई डाक
2.	Abbreviated	संक्षिप्त
3.	Accountant	लेखापाल
4.	Addressee	पाने वाला
5.	Adhoc	तदर्थ (किसी विशेष उद्देश्य के लिए बनाया हुआ)
6.	Air fees	हवाई शुल्क
7.	Assistant	सहायक

S.No.	English	Meaning
8.	Auto	स्वचल
9.	Armoured cable	कवचित केबिल
10.	Acknowledgement	प्राप्त सूचना पत्र
11.	Bag	थैला
12.	Bond	बन्ध पत्र
13.	Book of post mark	मोहर छाप पुस्तक
14.	Blank Parcel list	कोरी पार्सल सूची
15.	Branch post	शाखा डाक घर
16.	Bronze wire	काँसे का तार
17.	Brass seal	पीतल की मुद्रा
18.	Cable trench	केबल नाली
19.	Call bell	घन्टी
20.	Combined head office	प्रधान डाक-तार घर
21.	Coin collection box	सिक्का बाक्स
22.	Cord	डोरी
23.	Code name	कूट संज्ञा
24.	Covering letter	उपरि पत्र
25.	Currency note	मुद्रा नोट
26.	Current work	चालू कार्य
27.	Contact fault	संयोग दोष
28.	Control expenditure	नियन्त्रण व्यय
29.	Controlling operator	नियन्त्रक संचालक
30.	Coupled posts	दोहरे खम्भे
31.	Courtesy	शिष्टाचार, विनम्रता
32.	Cash van	रोकड़ गाड़ी
33.	Check	पड़ताल, जाँच
34.	Chief	मुख्य
35.	Communication system	संचार प्रणाली
36.	Call	बुलाना
37.	Direct dialing	सीधे टेलिफोन मिलाना
38.	Dial	अंकपट्ट-डायल
39.	Dead letter office	अधूरे पते वाले पत्रों का कार्यालय
40.	Date stamp	तारीख मोहर
41.	Dead article	बेनाम वस्तु
42.	Debit note	नामे नोट
43.	Deed	विलेख दस्तावेज

S.No.	English	Meaning
44.	Defacement	विकरण
45.	Defence saving certificate	रक्षा बचत पत्र
46.	Delivery	वितरण
47.	Deposit	जमा
48.	Envelope	लिफाफा
49.	Express letter	शीघ्रगामी पत्र
50.	Extension	विस्तार
51.	Foreign mail	विदेशी डाक
52.	General Post Office (G.P.O.)	बड़ा डाक घर
53.	Insured letter	बीमा हुआ पत्र
54.	Inland letter	अन्तर्देशीय पत्र
55.	Letter box	पत्र डालने का बक्सा
56.	Late fee	विलम्ब शुल्क
57.	Money Order Form (M.O.F.)	रुपये भेजने का फॉर्म
58.	Night service	रात्रि सेवा
59.	Ordinary letter	साधारण पत्र
60.	Post master	पोस्ट मास्टर, डाकपाल
61.	Postal order	पोस्टल ऑर्डर
62.	Post office	डाकघर
63.	Postman	डाकिया
64.	Reply card	उत्तर पोस्टकार्ड
65.	Registration	रजिस्ट्री
66.	Registered letter	रजिस्ट्री किया हुआ पत्र
67.	Revenue stamps	रसीदी टिकटें
68.	Stamps	टिकटें
69.	Signal	सिगनल (संकेत)
70.	Telegram	तार
71.	Telephone directory	टेलीफोन के नम्बरों की पुस्तिका
72.	Telegraph office	तारघर
73.	Telephone exchange	टेलीफोन केन्द्र
74.	Under postal certificate	डाकघर प्रमाणपत्र के आधीन
75.	Unpaid	अदत्तभार
76.	Urgent	तुरन्त
77.	Urgent private call	तुरन्त निजी काल
78.	Value payable post	भुगतान देयडाक
79.	Wireless	बेतार का तार

Police Department

S.No.	English	Meaning
1.	Armed Police	हथियार बन्द पुलिस
2.	Assistant Commissioner of Police (A.C.P.)	सहायक पुलिस कमिश्नर
3.	Assistant Sub-Inspector (A.S.I.)	सहायक उप-इंस्पेक्टर
4.	Arrest	पकड़ना, गिरफ्तार गरना
5.	Bail	जमानत
6.	Constable	सिपाही
7.	Challan	चालान
8.	Commissioner of Police (C.P.)	पुलिस कमिश्नर
9.	Central Bureau of Investigation (C.B.I.)	केन्द्रीय खुफिया जाँच विभाग
10.	Control Room	नियन्त्रण कक्ष
11.	Cheating	धोखा
12.	Criminal Investigation Department (C.I.D.)	अपराधी जाँच विभाग
13.	Deputy Superintendent of Police (D.S.P.)	उप-अधीक्षक पुलिस
14.	Dogs Squad	श्वान दल
15.	Dacoity	डकैती, लूटमार
16.	Flying Squad	उड़न दस्ता
17.	Firing	गोलाबारी
18.	First Information Report (F.I.R.)	प्रथम सूचना रपट
19.	Gang	दल
20.	Havaldar	हवलदार
21.	Inspector General of Police (I.G.)	पुलिस महानिरीक्षक
22.	Investigation	जाँच पड़ताल
23.	Inspector	इन्स्पेक्टर
24.	Kotwal	कोतवाल
25.	Murder	हत्या, कत्ल
26.	Police Station	थाना
27.	Pickpocket	जेबकतरा, गिरहकट
28.	Robbery	डाका
29.	Remand	पूछताछ के लिए अपराधी को अदालत से पुलिस द्वारा कुछ समय के लिए लेना
30.	Station House Officer (S.H.O.)	थाना अधिकारी
31.	Smuggler	तस्कर, स्मग्लर

S.No.	English	Meaning
32.	Stabbing	छुरेबाजी
33.	Security Guard	सुरक्षा दस्ता
34.	Superintendent of Police (S.P.)	पुलिस अधीक्षक
35.	Sub-Inspector (S.I.)	थानेदार
36.	Smuggling	चोरी से माल ले जाना और लाना
37.	Security	सुरक्षा
38.	Thief	चोर
39.	Traffic Police	यातायात व्यवस्था पुलिस
40.	Tear Gas	आँसू गैस
41.	Theft	चोरी
42.	Under Police Custody	पुलिस की हिरासत में
43.	Warrant	गिरफ्तारी का आदेश

Terms Used in Hospitals

S.No.	English	Meaning
1.	Ambulance	रोगी वाहन
2.	Blood	खून, रक्त
3.	Blood Test	खून की जाँच
4.	Bottle	शीशी, बोतल
5.	Bleeding	खून बहना, रक्तस्राव
6.	Blood Pressure	रक्तचाप
7.	Blood Bank	रक्त को सुरक्षित रखने और देने का स्थान
8.	Bandage	पट्टी, पट्टी बाँधना
9.	Cotton	रूई
10.	Children Ward	बच्चों का कक्ष
11.	Compounder	दवाई देने वाला, कम्पाउण्डर
12.	Clinic	औषधालय
13.	Doctor	चिकित्सक, डॉक्टर
14.	Dead Body	शव, लाश
15.	Dispensary	दवाखाना
16.	Dose	दवाई की खुराक
17.	E.C.G.	मशीन द्वारा दिल की परीक्षा
18.	Emergency	आपातकालीन
19.	Fracture	हड्डी का टूटना
20.	Hospital	अस्पताल

S.No.	English	Meaning
21.	Injection	टीका
22.	Ladies Ward	नारी कक्ष
23.	Mixture	मिश्रण
24.	Matron	निरीक्षक
25.	Maternity Home	जच्चागृह
26.	Medicines	दवाइयाँ
27.	Nurse	सेविका, नर्स
28.	Opthalmic	आँख सम्बन्धी विभाग
29.	Operation	चीरफाड़, ऑपरेशन
30.	O.P.D.	बाहर के रोगियों का विभाग
31.	Orthopaedic	हड्डियों से सम्बन्धित
32.	Operation Theatre	चीरफाड़ का कमरा
33.	Pills	गोलियाँ
34.	Physician	चिकित्सक
35.	Powders	चूर्ण, पाउडर
36.	Patient	मरीज, रोगी
37.	Plaster	प्लास्टर, मोटी पट्टी
38.	Stool Test	टट्टी की जाँच
39.	Stretcher	रोगी को लिटाकर ले जाने का साधन
40.	Sputum Test	बलगम (थूक) की जाँच
41.	Surgery	चीरफाड़
42.	Thermometer	थर्मामीटर
43.	Urine Test	पेशाब जाँच
44.	Vaccine	टीका

Terms Used in Schools and Colleges

S.No.	English	Meaning
1.	Annual Examination	वार्षिक परीक्षा
2.	Admission	प्रवेश, दाखिला
3.	Assistant Director of Education	सहायक शिक्षा निर्देशक
4.	Attendance	उपस्थिति
5.	College	महाविद्यालय
6.	Certificate	प्रमाण पत्र
7.	Competition	प्रतियोगिता
8.	Character Certificate	चरित्र प्रमाण पत्र
9.	Discipline	अनुशासन

10.	Degree	उच्च शिक्षा प्रमाण पत्र
11.	Deputy Education Officer	उप-शिक्षा अधिकारी
12.	Distinction	विशेष योग्यता
13.	Expulsion	निष्कासन
14.	Education Officer (E.O.)	शिक्षा अधिकारी
15.	Deputy Director of Education (D.D.E.)	उप-शिक्षा निदेशक
16.	Games	खेल
17.	Headmaster	प्रधानाध्यापक
18.	Inspection	निरीक्षण
19.	Identity Card	परिचय पत्र
20.	Library	पुस्तकालय
21.	Lecturer	प्रवक्ता
22.	Middle School	माध्यमिक विद्यालय
23.	Office	कार्यालय
24.	Order Book	आदेश पुस्तिका
25.	Promotion	अनुवृद्धि
26.	Principal	प्रधानाचार्य
27.	Prospectus	विवरण पुस्तिका
28.	Playground	क्रीड़ा स्थल
29.	Professor	प्राध्यापक
30.	Primary School	प्राथमिक विद्यालय
31.	Student	विद्यार्थी
32.	School Leaving Certificate (S.L.C.)	स्कूल छोड़ने का प्रमाण पत्र
33.	Sports	खेल
34.	Secondary School	उच्च माध्यमिक विद्यालय
35.	Senior Secondary School	उच्चतर माध्यमिक विद्यालय
36.	Teacher	अध्यापक

Words Related to Computer

S.No.	English	Pronunciation
1.	Boot	*बूट*
2.	Browser	*ब्राउजर*
3.	Byte	*बाइट*
4.	CD (Compact Disc)	*सीडी (कॉम्पेक्ट डिस्क)*
5.	Clip art	*क्लिप आर्ट*
6.	Command	*कमान्ड*
7.	Configure	*कन्फीगर*

S.No.	English	Pronunciation
8.	Copy	कॉपी
9.	CPU (Central Processing Unit)	सीपीयू (सेन्ट्रल प्रोसेसिंग यूनिट)
10.	Dashboard	डेश बोर्ड
11.	Database	डॉटाबेस
12.	Domain	डोमेन
13.	DNS (Domain Name System)	डी एन एस (डोमेज नेम सिस्टम)
14.	Download	डाउनलोड
15.	Desktop	डेस्कटॉप
16.	DVD (Digital Versatile Disc)	डीवीडी (डिजिटल वर्सेटाइल डिस्क)
17.	Email	ईमेल
18.	FAQ (Frequently Asked Question)	एफ ए क्यू (फ्रीक्वेंटली आस्कड़ सामान्यत: पूछे जाने वाले प्रश्न क्यूश्चयन)
19.	Firewall	फायर वॉल
20.	Floppy disk	फ्लॉपी डिस्क
21.	Hardware	हॉर्डवेयर
22.	Internet	इन्टरनेट
23.	Keyboard	की बोर्ड
24.	Laptop	लैपटॉप
25.	Laser printer	लेजर प्रिंटर
26.	Login	लॉगिन
27.	Logout	लागआउट
28.	Memory	मेमोरी
29.	Mouse	माउस
30.	Multimedia	मल्टीमीडिया
31.	Net	नेट
32.	Network	नेटवर्क
33.	RAM (Random Access Memory)	रेम (रेनडम एक्सेस मेमोरी)
34.	Reboot	रीबूट
35.	ROM (Read Only Memory)	रोम (रीड ऑनली मेमोरी)
36.	Root	रूट
37.	Save	सेव
38.	Scan	स्केन
39.	Screen shot	स्क्रीन शॉट
40.	Scroll	स्क्रॉल
41.	Server	सर्वर
42.	Shift	शिफ्ट
43.	Software	सॉफ्टवेयर

S.No.	English	Pronunciation
44.	Trash	ट्रेश
45.	Upload	अपलोड
46.	URL	(यू आर एल)
47.	Virtual memory	वर्चुअल मेमोरी
48.	Virus	वायरस
49.	Web	वेब
50.	Website	वेबसाइट
51.	Window	विन्डो
52.	World Wide Web	वर्ल्ड वाइड वेब

Name of Various Subjects

S.No.	English	Meaning
1.	Arabic	अरबी भाषा
2.	Algebra	बीजगणित
3.	Anatomy	शरीर रचना विज्ञान
4.	Arithmetic	अंकगणित
5.	Agriculture	कृषि विज्ञान
6.	Botany	वनस्पति शास्त्र
7.	Bengali	बंगला भाषा
8.	Biology	जीव विज्ञान
9.	Chemistry	रसायन शास्त्र
10.	Civics	नागरिक शास्त्र
11.	Commerce	वाणिज्य
12.	Domestic Science	गृह विज्ञान
13.	English	अंग्रेजी भाषा
14.	Economics	अर्थशास्त्र
15.	Education	शिक्षा शास्त्र
16.	Geography	भूगोल
17.	Geometery	रेखागणित
18.	Hindi	हिन्दी भाषा
19.	Home Science	गृह विज्ञान
20.	History	इतिहास
21.	Horticulture	उद्यान विद्या
22.	Linguistics	भाषा शास्त्र

S.No.	English	Meaning
23.	Mathematics	गणित
24.	Medical Science	चिकित्सा विज्ञान
25.	Music	संगीत
26.	Psychology	दर्शन शास्त्र
27.	Palmistry	हस्तरेखा शास्त्र
28.	Punjabi	पंजाबी भाषा
29.	Political Science	राजनीति शास्त्र
30.	Physical Education	शारीरिक शिक्षा शास्त्र
31.	Science	विज्ञान
32.	Sanskrit	संस्कृत भाषा
33.	Urdu	उर्दू भाषा
34.	Zoology	प्राणी शास्त्र

Some Important Dates

1.	12th January	National Youth Day (India)
2.	15th January	Army Day (India)
3.	26th January	Republic Day (India)
4.	30th January	Martyr's Day (India)
5.	8th March	Women's Day (World)
6.	15th March	Disabled Day (World)
7.	15th March	Consumer Rights Day (World)
8.	7th April	Health Day (World)
9.	22nd April	Earth Day (World)
10.	1st May	May Day (World)
11.	8th May	Red Cross Day (World)
12.	24th May	Common Wealth Day (World)
13.	31st May	No Tobacco Day (World)
14.	5th June	Environment Day (World)
15.	11th July	Population Day (World)
16.	6th August	Hiroshima Day (World)
17.	15th August	Independence Day (India)
18.	5th September	Teacher's Day (World)
19.	8th September	Literacy Day (World)
20.	16th September	Ozone Day (World)
21.	27th October	Tourism Day (World)

22.	2nd October	Gandhi's Birthday (India)
23.	3rd October	Habitat Day (World)
24.	8th October	Air Force Day (World)
25.	14th October	Standards Day (World)
26.	16th October	Food Day (World)
27.	24th October	U.N. Day (World)
28.	31st October	National Integration Day (World)
29.	14th November	Children's Day (India)
30.	1st December	Aids Day (World)
31.	4th December	Navy Day (India)
32.	7th December	Flag Day (India)
33.	10th December	Human Rights Day (World)

Constitution Related Words

अ

English	Meaning
Incompetent	अक्षम
Advance	अग्रिम धन
Violation	अतिक्रमण
Additional Judge	अतिरिक्त न्यायाधीश
Excess profit	अतिरिक्त लाभ
Tribunal	अधिकरण
Right	अधिकार
Record of rights	अधिकार-अभिलेख
Quo warranto	अधिकार-पृच्छा
Requisition	अधिग्रहण
Act	अधिनियम
Enactment	अधिनियमन
Warrant	अधिपत्र
Surcharge	अधिभार
Preference	अधिमान
Advocate	अधिवक्ता
Domicile	अधिवास
Presiding officer	अधिष्ठाता

English	Meaning
Notification	अधिसूचना
Superintendent	अधीक्षक
Subject, Subordinate	अधीन
Subordinate Officer	अधीन अधिकारी
Subordinate Court	अधीन न्यायालय
Speaker	अध्यक्ष
Ordinance	अध्यादेश
Preside	अध्यासीन होना
Exclusive Jurisdiction	अनन्य क्षेत्राधिकार
Disqualification	अनर्हता, अयोग्यता
Irregularity	अनियमितता
Adaptation	अनुकूलन
Article	अनुच्छेद
Licence	अनुज्ञप्ति
Permit	अनुज्ञा
Grant	अनुदान
Instruction	अनुदेश
Undischarged	अनुन्मुक्त
Proportional representation	अनुपाती प्रतिनिधित्व
Supplementary	अनुपूरक
Assent	अनुमति
Approve	अनुमोदन करना
Discipline	अनुशासन
Adherence	अनुशक्ति
Exercise	अनुष्ठान
Ratification	अनुसमर्थन
Investigation	अनुसन्धान
Reminder	अनुस्मारक
Scheduled area	अनुसूचित क्षेत्र
Scheduled Tribe	अनुसूचित जनजाति
Scheduled Caste	अुनसूचति जाति
Schedule	अनुसूचित करना
Involve	अन्तर्ग्रसन
Inland waterway	अन्तर्देशीय जलपथ
International	अन्तर्राष्ट्रीय
Conscience	अन्तःकरण

English	Meaning
Alienate	अन्यदेशीय
Alienation	अन्य संक्रामण, अलगाव की भावना
Libel	अपमान लेख
Slander	अपमान वचन
Adulteration	अपमिश्रण
Additional Judge	अपर न्यायाधीश
Crime	अपराध
Offence	अपराध
Exclude	अपवर्जन करना
Ineligible	अपात्रता
Appeal	अपील
Court of Appeal	अपील न्यायालय
Inoperative	अप्रवृत्त
Allegation	अभिकथन
Agency	अभिकरण
Agent	अभिकर्ता
Intention	अभिप्राय
Demand	अभियाचना
Accused	अभियुक्त
Prosecution	अभियुक्ति, अभियोजन
Accusation	अभियोग
Actionable wrong	अभियोज्य दोष
Custody	अभिरक्षा
Record	अभिलेख
Court of record	अभिलेख न्यायालय
Conviction	अभिशस्ति
Convention	अभिसमय
Candidate	अभ्यार्थी
Invalid	अमान्य
Undue influence	अयुक्त प्रभाव
Acquisition	अर्जन
Petition	अर्जी
Construe	अर्थ करना
Fine	अर्थदण्ड
Qualification	अर्हता
Minority	अल्पसंख्यक वर्ग

English	Meaning
Derogation	अल्पीकरण
Adjournment	अवधिदान
Contempt	अवमान
Minor	अवयस्क
Joint family	अविभक्त कुटुम्ब
Motion of no confidence	अविश्वास प्रस्ताव
Illegal	अवैध
Illegal practice	अवैधाचरण
Incapacity	असमर्थता
Invalidity pension	असमर्थता निवृत्ति वेतन
Civil	असैनिक
Civil power	असैनिक शक्ति
Detrimental	अहितकारी
Endorsement	अंकन
Unit	अंग
Share	अंश
Contribution	अंशदान

आ

English	Meaning
Credit	आकलन
Contingency fund	आकस्मिकता निधि
Custom	आचार
Freedom	आजादी
Calling	आजीविका
Calling tax	आजीविका कर
Decree	आज्ञप्ति
Order	आदेश
Process	आदेशिका
Consequential, Contingent	आनुषंगिक
Criminal	अपराधी
Emergency	आपात
Obligation	आभारी
Income tax	आयकर

English	Meaning
Import duty	आयात-शुल्क
Custom duty	आयात-निर्यात शुल्क
Commissioner	आयुक्त
Commission	आयोग
Police	आरक्षक
Police Force	आरक्षक बल
Alligation	आरोप
Impose	आरोपण करना
Levy	आरोपण
Economic	आर्थिक
Pecuniary jurisdiction	आर्थिक क्षेत्राधिकार
Recurring	आवर्त्तक
Vagrancy	आवारागर्दी
Summons	आह्वान
Summoned	आहूत
Estimate	आंक

इ

English	Meaning
Will	इच्छा पत्र
Intestate	इच्छा पत्रहीन

उ

English	Meaning
Levy	उगाहना
Supreme Court	उच्चतम न्यायालय
High Court	उच्च न्यायालय
Succession	उत्तराधिकार
Succession duty	उत्तराधिकारी शुल्क
Successor	उत्तराधिकारी
Liability	उत्तरदायित्व
Production	उत्पादन
Excise duty	उत्पादन शुल्क

English	Meaning
Emigration	उत्प्रवास
Certiorari	अत्प्रेषण लेख
Levy	उदग्रहण
Proclamation	उद्घोषणा
Descent	उद्भव
Enterprise	उद्यम
Industry	उद्योग
Loan	उधार
Borrowing	उधार ग्रहण
Lunatic	उन्मत्त
Lunacy	उन्माद
Immunity	उन्मुक्ति
Cess	उपकर
Initiation	उपक्रमण
Remedy	उपचार
Occupation	उपजीविका
Gratuity	उपदान
Advice, Instruction	उपदेश
Bye-election	उपनिर्वाचन
Colonization	उपनिवेश
Provision	उपबन्ध
Consumption	उपभोग
Vice President	उप-राष्ट्रपति
Emolument	उपलब्धि
Sub-division	उप-विभाग
Sitting	उपवेशन
Bye-law	उप-विधि
Deputy Chairman	उप-सभापति
Appear	उपस्थित होना
Deputy Commissioner	उपायुक्त
Employment	उपायोजन
Accrued	उपार्जित
Candidate	उम्मीदवार
Contravention	उल्लंघन

ऋ

English	Meaning
Debt	ऋण
Indebtedness	ऋणग्रस्तता
Debenture	ऋणपत्र

ए

English	Meaning
Unit	एकक
Sole Corporation	एकल निगम
Single transferable vote	एकल संक्रमणीय मत
Patent	एकस्व
Cramp	ऐंठन

क

English	Meaning
Misbehaviour	कदाचार
Possession	कब्जा
Company	कम्पनी
Tax	कर
Agreement	करार
Duty	कर्त्तव्य
Staff	कर्मचारी वृन्द
Legal	कानून सम्बन्धी
Factory	कारखाना
Business	कारोबार
Prison	कारागार
Prisoner	काराबन्दी
Imprisonment	कारावास
Trade Union	कार्मिक-संघ
Acting	कार्यकारी
Executive power	कार्यपालिका
Adjournment	कालदान
Custody	काबिज

English	Meaning
Cattle pound	काँजी हौस
Fare	किराया
Farmer, Cultivator	किसान
Attachment	कुर्की
Diplomacy	कूटनीति
Copyright	कृति-स्वाम्य
Function	कृत्य
Central Intelligence Bureau	केन्द्रीय गुप्त वार्ता विभाग
Imprisonment	कैद
Prisoner	कैदी

ख

English	Meaning
Mineral	खनिज
Mining settlement	खनिज-निबटारा
Mineral resources	खनिज-सम्पत
Cost	खर्चे
Clause	खण्ड

ग

English	Meaning
Gazette	गजट
Calculation	गणना
Grant on Account	गणनानुदान
Quorum	गणपूर्ति
Research	गवेषणा
Village Council	ग्राम परिषद्
Admissible	ग्राह्य

घ

English	Meaning
Bell	घण्टी
Declaration	घोषणा

English	Meaning
Loss	घाटा
Valley	घाटी
Disgusting	घिनौना
Scam, Cozenage	घोटाला
Ankle bell	घुँघरू

च

English	Meaning
Discussion	चर्चा
Currency	चलावणी, मुद्रा
Unsoundness of mind	चित्त-विकृति
Mark	चिह्न
Agreement	चुकती
Elected	चुने हुए
Octroi	चुंगी
Cheque	चैक

छ

English	Meaning
Reduce	छँटनी करना
Cantonment	छावनी
Sneeze	छींकना

ज

English	Meaning
Post	जगह
Census	जनगणना
Tribe	जन जाति
Tribe Area	जनजाति क्षेत्र
Tribal Council	जनजाति परिषद्
Piracy	जलदस्युता
Territorial waters	जल प्रांगण

English	Meaning
Escheat	जब्त
Bail	जामिन
Inquire	जाँच करना
Property	जायदाद
District	जिला
District Board	जिला बोर्ड
District Fund	जिला निधि
District Court	जिला न्यायालय
District Council	जिला परिषद्
District Board	जिला मण्डली
Livelihood	जीविका
Gambling	जुआ
Fined	जुर्माना किया
Prison	जेल
Tidal water	ज्वार जल

झ

English	Meaning
Peek, Poke	झाँकना
Boggle, Hangback	झिझकना
Squirm	झेंपना
Pet	झुँझलाहट

ट

English	Meaning
Coinage	टंकण
Attachment	टंच, अनुराग
Tramway	ट्राम का रास्ता
Tram car	ट्रामगाड़ी

ड

English	Meaning
Burp	डकार
Degree	डिग्री

English	Meaning
Dock	डंक
Reprimand	डाँटना
Sink	डूब जाना

त

English	Meaning
For the time being	तत्समय
Corresponding	तत्स्थानी
Ad hoc	तदर्थ
Passed	तीर्ण
Third reading	तृतीय पठन
Triennial	त्रैवार्षिक

थ

English	Meaning
Wear out, Tire	थकना
Police Station	थाना
Little	थोड़ा
Spit	थूकना
Flabby	थुलथुल

द

English	Meaning
Adoption	दत्तक ग्रहण
Handicraft	दस्तकारी
Document	दस्तावेज
Punish	दण्ड देना
Criminal Court	दण्ड न्यायालय
Criminal Law	दण्ड विधि
Criminal	दण्ड सम्बन्धी
Sentence	दण्डादेश
Magistrate's Court	दण्डाधिकारी न्यायालय

English	Meaning
Entry	दाखिला
Charities	दातव्य
Civil	दीवानी
Civil Court	दीवानी अदालत
Visas	दृष्टांक
Fee	देय
Naturalization	देशीयकरण
Bicameral	दोघरा
Convicted	दोष प्रमाणित
Conviction	दोष-सिद्धि
Charge	दोषारोपण
Gambling	द्यूत
Bicameral	द्विग्रही
Second reading	द्वितीय पठन

ध

English	Meaning
Money	धन
Money bill	धन विधेयक
Faith	धर्म
Endowment	धर्मस्व
Occupation	धन्धा

न

English	Meaning
Design	नक्ष
Municipal area	नगर क्षेत्र
Instruction	निर्देश
Municipal Tramway	नगर ट्रामवे
Municipal Corporation	नगर निगम
Municipality	नगरपालिका
Municipal Tramway	नगर रथ्यायान
Municipal Committee	नगर समिति

English	Meaning
Citizenship	नागरिकता
Nomination	नामांकन
Admiralty	नावाधिकरण
Body	निकाय
Sinking Fund	निक्षेप-निधि
Corporation	निगम
Corporation Tax	निगम कर
Incorporation	निगमन
Body, Corporate	निगम, निकाय
Direction	निर्देश
Fund	निधि
Registered	निबद्ध
Registration	निबन्धन
Term	निबन्धन
Comptroller & Auditor General	नियन्त्रक तथा महालेखा परीक्षक
Control	नियन्त्रण
Rule	नियम
Appointment	नियुक्ति
Employer's liability	नियोजक उत्तरवादिता
Repeal	निरसन
Abrogate	निराकरण करना
Judgement	निर्णय
Casting vote	निर्णायक मत
Fixture	निर्धारण
Restriction	निर्बन्धन
Manufacture	निर्माण
Export	निर्यात
Export tax	निर्यात कर
Export duty	निर्यात शुल्क
Disability	निर्योग्यता
Intestate	निर्वसीयत
Discharge	निर्वहन
Electorate	निर्वाचकगण
Electoral roils	निर्वाचक नामावली
Election	निर्वाचन
Election Tribunal	निर्वाचन क्षेत्र

English	Meaning
Election Commissioner	निर्वाचन आयुक्त
Constituency	निर्वाचन क्षेत्र
Elected	निर्वाचित
Transportation	निर्वासन
Living wage	निर्वाह मजदूरी
Suspension	निलम्बन
Preventive detention	निवारक निरोध
Retire	निवृत होना
Forbidden	निषिद्ध
Allegiance	निष्ठा
Employment tax	नौकरी कर
Navigation	नौ परिवहन
Naval	नौ सेना सम्बन्धी
Judiciary	न्यायपालिका
Tribunal	न्यायाधिकरण
Justice	न्याय

प

English	Meaning
Context	प्रसंग
Broadcasting	प्रसारण
Modification	परिवर्तन
Board	परिषद्
Maternity relief	प्रसूति सहायता
Motion	प्रस्ताव
Preamble	प्रस्तावना
Proposal	प्रस्ताव
Estimate	प्राक्कलन
Regional Commissioner	प्रादेशिक आयुक्त
Register	पंजिका
Regional Fund	प्रादेशिक निधि
Territorial Constituency	प्रादेशिक परिषद्
Territorial Charges	प्रादेशिक भार
Authority	प्राधिकार

English	Meaning
Authorised	प्राधिकृत
Province	प्रान्त
Accrue	प्राप्त होना
Receipt	प्राप्ति
Promissory note	प्रॉमिसरी नोट
Incidental	प्रासंगिक

फ

English	Meaning
Fruit	फल
Complaint	फरियाद
Forms	फॉर्म
Fees	फीस

ब

English	Meaning
Allocation	बँटवारा
Savings	बचत
Maintain	बनाए रखना
Arrest	बन्दी करना
Banking	बैकिंग कार्य
Allotment	बंटन
Habeas Corpus	बन्दी प्रत्यक्षीकरण
Mortgage	बन्धक
Forces	बल
Majority	बहुमत
Allotment	बाँट
Bill	बिल
Insurance	बीमा
Policy of Insurance	बीमा-पत्र
Unemployment	बेकारी
Sitting	बैठक
Bank	बैंक
Board	बोर्ड

भ

English	Meaning
Allowance	भत्ता
Provident Fund	भविष्य निधि
Recruitment	भर्ती
Partnership	भागिता
Fare	भाड़ा
Charge	भार
Encumbered estate	भारग्रस्त सम्पदा
Government of India	भारत सरकार
Charge	भारित करना
Land records	भू-अभिलेख
Land tenure	भू-काश्तकारी नियम
Land Revenue	भू-राजस्व
Corrupted	भ्रष्ट

म

English	Meaning
Wage	मजदूरी
Magistrate	मण्डलाधीश
Commissioner	मण्डलायुक्त
Vote	मत
Voting	मतदान
Voter	मतदाता
Suffrage	मताधिकार
Dullness	मतिमान्ध
Arbitral tribunal	मध्यस्थ न्यायाधीकरण
Arbitrator	मध्यस्थ
Arbitration	मध्स्थ निर्णय
Mental weakness	मनोदौर्बल्य
Nomination	मनोनयन
Mental deficiency	मनोवैकल्य
Advice	मन्त्रणा
Advise	मन्त्रणा देना

English	Meaning
Advisory Council	मन्त्रणा परिषद्
Council of Ministers	मन्त्री परिषद्
Minister	मन्त्री
Death duty	मरण शुल्क
Advocate General	महाधिवक्ता
Impeachment	महाभियोग
Sanction	मंजूरी
Honorarium	मानदेय
Traffic in human beings	मानव-व्यवसाय
Defamation	मानहानि
Validity	मान्यता
Guidance	मार्ग दर्शन
Demand	माँग
Fishery	मीन क्षेत्र
Exempted	मुक्त
Headman	मुखिया
Chief	मुख्य
Chief Commissioner	मुख्य आयुक्त
Chief Election Commissioner	मुख्य निर्वाचन आयुक्त
Chief Justice	मुख्य न्यायाधिपति
Chief Minister	मुख्यमन्त्री
Seal	मुद्रा
Stamp duty	मुद्रांक शुल्क
Capital	मूलधन
Capital value	मूलधन मूल्य

य

English	Meaning
Engineering	यन्त्र शास्त्र
Petition	याचिका
Traffic	यातायात

र

English	Meaning
Reservation	रक्षण
Tram Car	रथ्यायान
National high way	राष्ट्रीय राजपथ
Annul	रद्ध करना
Receipt	रसीद
Quarantine	रूकावट
Revenue	राजस्व
Revenue Court	राजस्व न्यायालय
Government of State	राज्य की सरकार
Extra territorial operation	राज्य क्षेत्रातीत प्रवर्तन
State Fund	राज्य निधि
Council of states	राज्य परिषद्
Governor	राज्यपाल
State list	राज्य सूची
Opinion	राय
Amount	राशि
Nation	राष्ट्र
Public debt	राष्ट्र ऋण
President	राष्ट्रपति
During the pleasure of the president	राष्ट्रपति इच्छा पर्यन्त
National highway	राष्ट्रीय राजपथ
Law of Nations	राष्ट्रों की विधि
Vacancy	रिक्त स्थान
Bar	रुकावट
Custom, Tradition	रूढ़ि
Form	रूप
Railway	रेल

ल

English	Meaning
Rent	लगान
Impose	लगाना
Commutation	लघुकरण

English	Meaning
Pending	लम्बित
Licence	लाइसेन्स
Cost	लागत
To be applicable	लागू होना
Profit	लाभ
Dividend	लाभांश
Instrument	लिखित पत्र
Notice in writing	लिखित सूचना
Write	लेख
Account	लेखा
Audit	लेखा परीक्षा
Votes on accounts	लेखा अनुदान
Document	लेख्य
People	लोग
Public Notification	लोक अधिसूचना
House of the people	लोकसभा
Community	लोक समाज
Public Services	लोक सेवाएँ
Public Services Commission	लोक सेवा आयोग
Public health	लोक स्वास्थ्य

व

English	Meaning
Plead	वकालत करना
Dealings	व्यवहार
Pleader	वकील
Accrual	वृद्धि
Interpretation	व्याख्या
Promissory note	वचन पत्र
Engagement	व्यवसाय
Merchant marine	वणित पोत
Major	वयस्क
Adult suffrage	वयस्क मताधिकार
Will	वसीयत

English	Meaning
Freight	वस्तु भाड़ा
Bill of conveying	वहन पत्र
Freedom of speech	वाक स्वातन्त्र्य
Commerce	वाणिज्य
Consul	वाणिज्य दूत
Commercial	वाणिज्य सम्बन्धी
Cause	वाद
Issue	वाद पद
Controversy	वादानुवाद
Cause of action	वाद मूल
Debate	वाद विवाद
Subject matter	वाद विषय
Future market	वायदा बाजार
Airway	वायु पथ
Annual	वार्षिक
Annual financial statement	वार्षिक वित्त विवरण
Annuities	वार्षिकी
Debit	व्यय लिखना
Unsound mind	विकृति चित्त
Sale tax	विक्रय कर
Dissolution	विघटन
Consideration	विचार
Motion for consideration	विचारार्थ प्रस्ताव
Distribution	वितरण
Finance	वित्त
Finance bill	वित्त विधेयक
Finance Commission	वित्त आयोग
Financial	वित्तीय
Financial obligation	वित्तीय भार
Financial statement	वित्तीय विवरण
Foreign Affairs	विदेशीय कार्य
Foreign exchange	विदेशीय विनिमय
Legislation	विधान
Legislative Council	विधान परिषद्
Legislature	विधान मण्डल
Legislative Assembly	विधान सभा

English	Meaning
Legislative power	विधायिनी शक्ति
Question of law	विधि प्रश्न
Legal tender	विधि मान्य
Equal protection of law	विधियों का समान संरक्षण
Legal	विधि सम्बन्धी
Bill	विधेयक
Bill of exchange	विनिमय पत्र
Regulation	विनियम
Regulate	विनियमन करना
Appropriation	विनियोग
Appropriation bill	विनियोग विधेयक
Decision	विनिश्चय
Distribution	विभाजन
Dissent	विमति
Discrimination	विभेद
Air navigation	विमान परिवहन
Air traffic	विमान यातायात
Air Force	विमान बल
Redemption	विमोचन
Redemption charges	विमोचन भार
Deprive	वियुक्त करना
Respite	विराम
Repugnant	विरुध
Repugance	विरोध
Repugnancy	विरोध
Deed	विलेख
Returns	विवरण
Dispute	विवाद
Divorce	विवाह विच्छेद
Privilege	विशेषाधिकार
Motion of confidence	विश्वास प्रस्ताव
Want of confidence	विश्वास का अभाव
Subject	विषय
Dispersion	विसर्जन
Irrelevant	विसंगत
Extent	विस्तार

English	Meaning
Explosive	विस्फोटक
Visa	वीसा
Profession	वृत्ति
Profession tax	वृत्ति कर
Increment	वृद्धि
Pay	वेतन
Salary	वेतन
External Affairs	वैदेशिक कार्य
Ballot	वोट पत्र
Deprive	वंचित करना
Employment	व्यापार
Person	व्यक्ति
Lapse	व्यतीत होना
Expenditure	व्यय
Vocation	व्यवसाय
Order	व्यवस्था
Behaviour, Conduct	व्यवहार
Trade	व्यापार
Trade tax	व्यापार कर
Trade mark	व्यापार चिह्न
Trade Union	व्यापार संघ

श तथा श्र

English	Meaning
Power	शक्ति
Condition	शर्त
Peace	शान्ति
Perpetual succession	शाश्वत उत्तराधिकार
Ruler	शासक
Governance	शासन
Government	शासक
Govern	शासन करना
Governing body	शासी निकाय
Penalty	शास्ति
Education	शिक्षा

English	Meaning
Technical training	शिल्पी प्रशिक्षण
Camp	शिविर
Infant	शिशु
Disciplinary	शिस्त
Duty	शुल्क
Custom, Frontiers	शुल्क सीमान्त
Void	शून्य
Sheriff	शेरीफ
Research	शोधन शोधना
Faith	श्रद्धा
Labour	श्रम
Labour Union	श्रमिक संघ

स

English	Meaning
Engagement	सगाई
Competent	सक्षम
Session	सत्र
Entrust	सौंपना
Sessions Court	सत्र न्यायालय
Reference	सन्दर्भ
Federal Court	संघीय न्यायालय
Pension	सेवावृत्ति
Prorogue	सत्रावसान
During good behaviour	सदाचरण पर्यन्त
Morality	सदाचार
Association	संस्था
Treaty	सन्धि
Assembly	सभा
Equality	समता
Dedication	समर्पण
Concurrent list	समवर्ती सूची
Company	समागम
Co-operative Society	सहकारी संस्था

English	Meaning
Assemble	समवेत होना, एकत्र होना
Intercourse	समागम
Winding up	समापन
Community	समुदाय
Maritime shipping	समुद्र नौवहन
Estate	सम्पदा
Estate duty	सम्पदा शुल्क
Sovereign Democratic Republic	सम्पूर्ण प्रभुत्व सम्पन्न लोकतन्त्रात्मक गण
Conference	सम्मेलन
Government	सरकार
Public demand	सार्वजनिक अभियाचना
Amnesty	सर्वक्षमा
Supreme command	सर्वोच्च समादेश
Advice	सलाह
Armed forces	सशस्त्र बल
Co-operative Society	सहकारी संस्था
Concurrence	सहमति
Auxiliary	सहायक
Subsidiary Grant	सहायक अनुदान
Hazardous	संकटमय
Resolution	संकल्प
Transition	संक्रमण
Computation	संगणना
Union	संघ
Union List	संघ-सूची
Communication	संचार
Communicate	संचार करना
Means of Communication	संचार साधन
Consolidated Fund	संचित निधि
Addressed	सम्बोधित
Assurances of transfer of property	सम्पत्ति हस्तान्तरण
Contact	सम्पर्क
Consent	सम्मति
Probability	सम्भावना
Guardian	संरक्षक
Appended	संलग्न

English	Meaning
Contract	संविदा
Constitution	संविधान
Constituent Assembly	संविधान सभा
Amendment	संशोधन
Parliament	संसद
Institution	संस्था
Establishment	संस्थापन
Code	संहित
Evidence	साक्ष्य
General election	साधारण निर्वाचन
Social insurance	सामाजिक बीमा
Social custom	सामाजिक रूढ़ि
Social service	सामाजिक सेवा
Common stamp	सामान्य मुद्रा
Common seal	सामान्य मुहर
Public notification	सार्वजनिक अधिसूचना
Public demand	सार्वजनिक अभियाचना
Common good public welfare	सार्वजनिक कल्याण
Public order	सार्वजनिक व्यवस्था
Money lender	साहूकार
Money lending	साहूकारी
Contagious	सांसर्गिक
Infectious	सांक्रामिक
Convicted	सिद्ध दोष
Terminal tax	सीमा कर
Frontiers	सीमान्त
Frontier duty	सीमा शुल्क
Demarcation	सीमांकन
Improvement trust	सुधार प्रन्यास
Reformatory	सुधारालय
Relevant	सुसंगत
Relevancy	सुसंगति
Gazette Notice	सूचना पत्र
Interest	सूद
Formula	सूत्र

English	Meaning
Formulated	सूत्रिम
Court Martial	सेना न्यायालय
Service	सेवा
Condition of service	सेवा की शर्त
Employment	सेवा नियोजन
Service charge	सेवा भार
Military	सैनिक
Demobilization	सैन्य वियोजन
Assign	सौंपना
Entrust	सुपुर्द करना
Transfer	स्थानान्तरण
Local area	स्थानीय क्षेत्र
Local Board	स्थानीय बोर्ड
Local Body	स्थानीय निकाय
Local Authority	स्थानीय प्राधिकारी
Local Government	स्थानीय शासन
Local Self-Government	स्थानीय स्वशासन
Establishment	स्थापना
Establish	स्थापित करना
Standing Order	स्थायी आदेश
Standing Committee	स्थायी समिति
Clarification	स्पष्टीकरण
Explanation	स्पष्टीकरण
Memorial	स्मारक
Possession	स्वाधिकार
Discretion	स्वविवेक
Freedom	स्वातन्त्रय
Liberty	स्वाधीनता
Ownership	स्वामित्व
Royalty	स्वामिलभ्य
Owner	स्वामी
Own	स्वामी होना
Autonomy	स्वायत्तता
Personal law	स्वीय विधि

ह

English	Meaning
Title	हक
Entitled	हक्क होना
Remove	हटाना
Handicraft	हस्त शिल्प
Conveyance	हस्तान्तरण पत्र
Transfer	हस्तान्तरण
Instructions	हिदायतें

क्ष

English	Meaning
Injury	क्षति
Territorial Jurisdication	क्षेत्राधिकार
Bill of Indemnity	क्षतिपूर्ति बिल
Competent	क्षमताशाली
Pardon	क्षमा
Area, Territory	क्षेत्र
Jurisdiction	क्षेत्राधिकार

ज्ञ

English	Meaning
Memorandum	ज्ञापन

Pronunciation

अच्छे English Pronunciation का अर्थ है कि आप जो भी बोल रहे हैं कि वह अन्य व्यक्ति आराम से समझ सकें एवं वह Pronunciation, standard के काफी नजदीक हो। उच्चारण में Unpleasantness या Rudeness न हो। English एक ऐसी भाषा है जिसमें आप word को देखकर उसके उच्चारण का पता नहीं लगा सकते हैं? देखने में But (बट) एवं Put (पुट) एक जैसे उच्चारित होने वाले शब्द लगते हैं। इसी तरह No (नो) एवं Do (डू) भी एक जैसे उच्चारित होने वाले शब्द दिखाई देते हैं कि लेकिन इनका उच्चारण अलग-अलग है। इसका अर्थ हुआ कि आपको हर शब्द के उच्चारण को सीखना होगा।

Importance of Correct Pronunciation

We can assign following reasons for he necessity and importance of correct pronunciation

(A) First Impression जब आप किसी व्यक्ति से मिलते हैं तो जैसे ही आप कुछ बातचीत शुरू करते हैं, वैसे ही वह व्यक्ति न तो आपकी grammar पर ध्यान देगा, न आपकी Vocabulary पर, उस वक्त Pronunciaton की आपके First impression का निर्धारक है।

(B) Communication यदि आपकी English grammar बहुत अच्छी नहीं है तो आप Simple grammatical structures का उपयोग करके काम चला सकते हैं।

यदि आपकी Vocabulary बहुत अच्छी नहीं है तो आप Simple words का उपयोग कर सकते हैं लेकिन यदि आपका Pronunciation सही नहीं है, Faulty है, तो आपको Communication में बहुत Problem आ सकती है। कुछ दिन पूर्व मेरा एक मित्र अमेरिका गया। उसने बताया कि जब भी वह किसी से वहाँ कोई बात करता है तो वह व्यक्ति बार-बार What? What? या Pardon..Pardon..करता रहता। मुझ पुनः मेरे बोले वाक्य को Repeat करना पड़ता फिर वह उसी वाक्य को खुद बोलकर मुझसे पूछता कि आप यह कहना चाहते थे? इस तरह मेरा वह दोस्त अपने faulty pronunciation के कारण काफी परेशान रहा।

Is Your Pronunciation?

आप शायद यह समझते होंगे कि मैं कक्षा में बोल सकता हूँ, या आपस में मित्रों से, अध्यापकों से, बात कर सकता हूँ अतः मेरा उच्चारण ठीक है। हमारे लिए English एक विदेशी भाषा है। हमारा उच्चारण वहाँ के हिसाब से ठीक हो सकता है लेकिन वास्तविक रूप से आपका उच्चारण ठीक नहीं है।

What's good English Pronunciation

(Standard English Pronunciation)?

अच्छे English Pronunciation का अर्थ है कि आप जो भी बोल रहे हैं वह अन्य व्यक्ति आराम से समझ सके एवं वह Pronunciation, standard के काफी नजदीक हो। उच्चारण में Unpleasantness या Rudeness न हो।

यह आवश्यक नहीं है कि आपका उच्चारण अमेरिका के प्रेसीडेन्ट या ब्रिटेन के प्रधानमन्त्री जैसा हो। ब्रिटेन में भी कई प्रकार की क्षेत्रीय अंग्रेजी भाषा बोली जाती है। उनका उच्चारण अपने Region के अनुसार आपस में काफी भिन्न है लेकिन फिर भी वह उच्चारण Standard English Pronunication से काफी मिलता है। Standard English Pronunciation को समझने हेतु आप CNN, BBC जैसे Chennels TV English Pronunciation पर देखें सुनें तो आपको समझ में आ जाएगा कि Standard क्या है।

Learning the Pronunciation

English एक ऐसी भाषा है जिसमें word को देखकर उसके उच्चारण का पता नहीं लगा सकते हैं? देखने में But (बट) एवं (पुट) एक जैसे उच्चारित होने वाले शब्द लगते हैं। इसी तरह No (नो) एवं Do (डू) भी एक जैसे उच्चारित होने वाले शब्द दिखाई देते हैं लेकिन इनका उच्चारण अलग-अलग है। इसका अर्थ हुआ कि आपको हर शब्द के उच्चारण को सीखना होगा। सभी शब्दों के उच्चारण को सीखने हेतु Phonetic Transcription का प्रयोग किया जाता है। Dictionaries में शब्दों को Phonetic Alphabet में लिखा जाता है जिससे आप उस शब्द का सही उच्चारण सीख सकते हैं।

What's World Stress?

जब एक शब्द में कई syllables होते हैं तो किसी Syllable पर अधिक, किसी पर कम Stress देकर उसका उच्चारण किया जाता है।

What are Syllables?

English का प्रत्येक word, syllables से बना होता है। एक word में एक, दो, तीन या अधिक syllable हो सकते हैं। निम्न table को देखें

Word	Syllable	Number of syllables
Pen	pen	1
house	house	1
table	ta-ble	2
photo	pho-to	2
expensive	ex-pen-sive	3
interesting	in-ter-est-ing	4
exceptional	ex-cep-tion-al	4

ध्यान से देखने पर ज्ञात होगा कि प्रत्येक syllable में कम से कम एक स्वर (Vowel) a, e, i, o, u है या Vowel Sound है।

English spoken में सही उच्चारण हेतु word stress की जानकारी होना बहुत महत्त्वपूर्ण है। हर भाषा में word stress का प्रयोग नहीं किया जाता है। जैसे–Japanese, French,में सभी Syllable समान रूप से उच्चारित किए जाते हैं जबकि English में Word के सही उच्चारण हेतु Word stress का ध्यान रखना आवश्यक है। English में हमें किसी Syllable को धीरे किसी पर जोर देकर बोलना होता है। उदाहरण के लिए निम्न तीन शब्दों के उच्चारण को देखें।

(1) **PHO** *To GRAPH*

इसमें तीन Syllables हैं एवं इसके उच्चारण में हमें प्रथम syllable PHO या Stress डालना होगा।

(2) *PHO* **TO** *GRAPH ER*

इसमें चार Syllables हैं तथा इसकी उच्चारित करते समय Syllable TO पर Stress डालना होगा।

(3) *PHO TO* **GRAPH** *IC*

इसमें भी चार Syllable हैं तथा इसका उच्चारण करते समय syllable GRAPH पर Stress डालना होगा।

जब किसी Word में एक से अधिक Syllables होते हैं तो यह स्थिति आती है। नीचे लिखे अय शब्द देखें

(1) TEACHer (2) jaPAN (3) aBOVE

(4) converSATION (5) imPORtant (6) deMAND

उक्त Word में CAPITAL letters में लिखे syllable को Stress के साथ उच्चारित करने से ही शब्दों का सही उच्चारण होता है। यदि यह stress गलत syllable पर डाला गया है तो आपका उच्चारण गलत हो जाएगा।

English एवं America में लोग, stressed syllable का बहुत ध्यान रखते हैं। यदि आप भी English बोलते समय Word stress का ध्यान रखें तो आपका उच्चारण बहुत अच्छा हो जाएगा।

Rules of Word Stress in English

(a) सर्वप्रथम यह ध्यान रखें कि एक Word में एक ही Stress हो सकता है। यदि आप दो Stress सुन रहे हैं तो इसका अर्थ है कि आप दो Word सुन रहे हैं।

(b) केवल Vowel को ही Stress किया जा सकता है Consonants को नहीं

निम्न बिन्दुओं पर ध्यान रखें

- सामान्य रूप से दो syllable वाले nouns या Adjective में stress पहले syllable पर होता है। जैसे :

  AMErica, IMport, TAble (Nouns)
  HaPpy, Slender, CIEver (Adjective)

- दो syllable वाली verbs में stress अन्तिम syllable पर रहता है जैसे:

  to deCIDE, to imPORT, to rePEAT (Verbs)

- सामान्यता जिन words के अन्त में ic या sion या tion आता है, ऐसे words में stress (penultimate syllable = second from end) अन्तिम syllable में पहले वाले syllable पर रहता है। जैसे :

  photo GRAPH ic, geoLOG ic, geoGRAPHic, tele VIsion, reveLAtion,

- जिन शब्दों के अन्त में cy, ty, phy, gy या al आता है उनमें ante penultimate syllable अर्थात् third from end (अन्तिम syllableसे तीसरा वाला) पर stress रहता है। जैसे:

  deMO cra, cy, phoTO gra Phy. CRI ti cal, geoL, Ogi cal,

- Compound words में यदि वह Compound noun है तो stress पहले part पर रहता है, यदि वह Compounds adjective या Compound Verb है तो Stress दूसरे Part पर रहता है। जैसे:

  (a) BLACK bird, WHITE house (Compound noun)
  (b) bad-TEM pered, old-FASH ioned (Compound Adjective)
  (c) to under STAND, to over DRAW (Compound verb)

  ध्यान रखें कि उक्त नियमों के बहुत अपवाद हैं। Pronunciation को नियमों द्वारा नहीं सोखा जा सकता हैं। आप जितना अधिक अंग्रेजी की Practice करेंगे, उतना ही शीघ्र English का सही pronunciation सीख सकेंगे।

How to pronounce the words correctly?

अंग्रेजी एक Phoneti Language नहीं है। इसका अर्थ कि हम शब्द की Spelling देखकर ही उसका उच्चारण नहीं कर सकते हैं। कुछ शब्द तो ऐसे हैं, जिनकी spellings समान हैं लेकिन अलग-अलग स्थिति में उच्चारण में भिन्नता है; जैसे :

I like to read (रीड) this book., I have read (jw[) that novel.

कुछ शब्द ऐसे हैं जिनकी spellings अलग है लेकिन उच्चारण समान हैं जैसे;

I have read (रैड) that novel.

His favourite colour is red (रैड).

अधिकांश व्यक्ति अंग्रेजी के उच्चारण में बहुत गलतियाँ करते हैं। अंग्रेजी भाषा में 26 अक्षर हैं। इनमें से 5 स्वर (Vowels-A,E,I,O,U) तथा शेष 21 अक्षर व्यंजन (Consonants) हैं। कुछ vowels व्यंजन की ध्वनि देते हैं तो कुछ व्यंजन स्वर की ध्वनि देने हेतु प्रयुक्त होते हैं। English भाषा में उच्चारण में शुद्धता हेतु निम्न नियमों का गम्भीरता से अध्ययन करें।

Pronunciation of Vowels

Vowels (स्वर) A E I O U

1. A के उच्चारण के नियम A के प्रमुख उच्चारण ये होते हैं-आ, ऐ, एअ, ए।

(a) A = आ, ऑ

All	ऑल	सब
Wall	वॉल	दीवार
Call	कॉल	बुलाना
Small	स्मॉल	छोटा
Stall	स्टॉल	मेले की दुकान
Car	कार	गाड़ी
Far	फार	दूर
Are	आर	है, हो

(b) A = ऐ (ै)

An	ऐन	एक
Can	कैन	बाल्टी
Fan	फैन	पंखा
Cat	कैट	बिल्ली
Dad	डैड	पिता
Band	बैंड	बाजा

(c) A = एअ

Care	केअर	परवाह
Mare	मेअर	घोड़ी
Fare	फेअर	किराया
Dare	डेअर	साहस करना
Ware	वेअर	बर्तन
Share	शेअर	हिस्सा बाँटना

(d) A = (लम्बा उच्चारण)

यदि A के आगे Y या I का प्रयोग हो तो A का उच्चारण ए के समान हो जाता है, परन्तु यह ए कुछ लम्बा उच्चारण देता है

Bay	बे	खाड़ी
Day	डे	दिन
Say	से	कहना
Stay	स्टे	ठहरना
Main	मेन	मुख्य
Brain	ब्रेन	दिमाग
Fay	फे	परी
Gay	गे	प्रसन्न
Lay	ले	रखना
Maid	मेड	कन्या
Ray	रे	किरण
Pain	पेन	दर्द
Nail	नेल	नाखून
Plain	प्लेन	सादा

यदि A के आगे कोई Consonant और फिर e रखा हो, तो A का उच्चारण ए के समान होता है।

Cage	केज	पिंजरा
Race	रेस	दौड़
Base	बेस	आधार
Tape	टेप	फीता
Sale	सेल	बिक्री
Tale	टेल	कहानी
Tame	टेम	पालतू
Face	फेस	चेहरा
Make	मेक	बनाना
Sage	सेज	साधू
Bake	बेक	पकाना
Trade	ट्रेड	व्यापार

(2) E के उच्चारण के नियम

E के प्रमुख उच्चारण ये होते हैं-ए (`), इ, ई

(a) E = ए (`) छोटा उच्चारण

Net	नेट	जाली
Beg	बेग	भीख माँगना
Cent	सेन्ट्	एक सिक्का
Fend	फेन्ड्	रोकना
Keck	केक	जी मिचलाना
Less	लेस	कम
Bell	बेल	घण्टी
Hell	हेल	नर्क
Pet	पेट	पालतू
Sell	सेल	बेचना
Met	मेट	मिला
Fell	फेल	गिरा

(c) Ee = ई....(लम्बा उच्चारण)

see	सी	देखना
Bee	बी	मधुमक्खी
Weep	वी...प	रोना
Sleep	स्ली...प	सोना
Deep	डी...प	गहरा
Sweep	स्वी...प	झाड़ू लगाना

(d) E/Ea = इ (छोटा उच्चारण)

Sea	सी	समुद्र
Pea	पी	मटर
Beat	बीट	पीटना
Meat	मीट	मांस
Mean	मीन	अर्थ देना
Cheat	चीट	धोखा देना
Before	बिफोर	पहले
Heroic	हिरॉइक	साहसी
Eleven	इलेविन	ग्यारह
Near	निअर	पास
Eclipse	इक्लिप्स	ग्रहण
Pear	पिअर	नाशपाती
Effect	इफेक्ट	प्रभाव
Rear	रिअर	पिछला भाग

(e) E = अपनी कोई ध्वनि नहीं है।

यदि किसी शब्द के अन्त में e आता है तो उसका अपना कोई उच्चारण नहीं होता, परन्तु उससे पहले आए एक या एक से अधिक व्यंजनों (consonants) को छोड़कर जो अन्य स्वर (Vowel) होता है, उसका उच्चारण लम्बा हो जाता है।

(a) यदि पूर्ववर्ती स्वर A हो तो A का उच्चारण ए....होता है और e का अपना कोई उच्चारण नहीं होता है।

Shame	*शे...म*	लज्जा।
Name	*ने....म*	नाम
Lame	*ले....म*	लंगड़ा
Same	*से...म*	वही
Bale	*बे...ल*	गट्ठा
Late	*ले...ट*	देरी
Came	*के.....म*	आया
Tame	*टे....म*	पालतू
Rate	*रे....ट*	दर
Fame	*फे....म*	प्रसिद्धि

See more examples

Rat	*रैट*	चूहा	परन्तु	Rate	*रे...ट*	दर
Man	*मैन*	मनुष्य	परन्तु	Mane	*मे....न*	गर्दन के लम्बे बाल
Mat	*मैट*	चटाई	परन्तु	Mate	*मे...ट*	मित्र/संगी
Pan	*पैन*	कढ़ाई	परन्तु	Pane	*पे...न*	शीशे का टुकड़ा

(b) यदि पूर्ववर्ती स्वर I हो तो I का उच्चारण आइ होता है और अन्तिम e का अपना कोई उच्चारण नहीं होता।

Line	*लाइन*	रेखा
Nine	*नाइन*	नौ
File	*फाइल*	रेती
Lime	*लाइम*	नींबू (खट्टा)
Five	*फाइव*	पाँच
Hive	*हाइव*	मधुमक्खी का छत्ता
Ripe	*राइफ*	पका हुआ
Fine	*फाइन*	ठीक
Bide	*बाइड*	ठहरना
Bike	*बाइक*	बाइसिकल

निम्नलिखित उदाहरण भी पढ़िए

Bit	*बिट*	टुकड़ा	परन्तु	Bite	*बाइट*	काटना
Sit	*सिट*	बैठना	परन्तु	Site	*साइट*	स्थान
Kit	*किट*	सारंगी	परन्तु	Kite	*काइट*	पतंग
Pip	*पिप*	फलों के छोटे बीज	परन्तु	Pipe	*पाइप*	बांसुरी

(c) यदि पूर्ववर्ती स्वर O हो तो O का उच्चारण ओ होता है और अन्तिम e का अपना कोई उच्चारण नहीं होता है।

Hope	*होप*	आशा
Joke	*जोक*	मजाक
Nose	*नोज*	नाक
Rose	*रोज*	गुलाब का फूल
Lone	*लोन*	अकेला
Bone	*बोन*	हड्डी
Code	*कोड*	संहिता
Coke	*कोक*	पत्थर का कोयला
Dome	*डोम*	गुम्बद
Home	*होम*	घर

See more examples

Rob	*रॉब*	लूटना	परन्तु	Robe	*रोब*	घाघरा
Hop	*हॉप*	फुदकना	परन्तु	Hope	*होप*	आशा करना
Not	*नॉट*	नहीं	परन्तु	Note	*नोट*	संकेत
Dot	*डॉट*	बिन्दु	परन्तु	Dote	*डोट*	मुर्ख होना

(d) यदि पूर्ववर्ती स्वर u हो तो u का उच्चारण (1) ऊ (2) यू होता है और अन्तिम e का अपना कोई उच्चारण नहीं होता।

Rule	*रूल*	नियम
June	*जून*	जून मास
Jute	*जूट*	पटुआ, पटसन
Rude	*रूड*	असभ्य
Tube	*ट्यूब*	घन
Cube	*क्यूब*	घन
Mute	*म्यूट*	मूक
Nude	*न्यूड*	नंगा
Cute	*क्यूट*	सुन्दर
Tune	*ट्यून*	सुर
Yule	*यूल*	क्रिसमस

(e) ew = इयू

यदि e के आगे w हो तो ew का उच्चारण इयू से होता है, परन्तु e से पूर्व का consonant ह्रस्व उच्चारित होता है

Dew	ड्यू	ओस
Sew	स्यू	सीना
New	न्यू	नया
Few	फ्यू	कुछ
Blew	ब्ल्यू	बजाया
Drew	ड्रियू	खींचा
Mew	म्यू	म्याऊँ
Crew	क्रयू	जत्था

(3) I के उच्चारण के नियम

I के प्रमुख ये उच्चारण होते हैं—इ, आइ परन्तु कभी-कभी अ जैसा भी उच्चारण होता है।

(a) I = इ (ह्रस्व उच्चारण)

Pin	*पिन*	सुई
Big	*बिग*	बड़ा
Ship	*शिप*	जहाज
Trick	*ट्रिक*	चाल
Kill	*किल*	मारना
Shrink	*श्रिंक*	सिकुड़ना
City	*सिटी*	शहर
Mill	*मिल*	चक्की
Hill	*हिल*	पहाड़ी
Bit	*बिट*	टुकड़ा
Dim	*डिम*	घुँधला
Fill	*फिल*	भरना

(b) I = आई

Kind	*काइण्ड*	दयालु
Hind	*हाइण्ड*	पिछला
Bind	*बाइण्ड*	बाँधना
Blind	*ब्लाइण्ड*	अन्धा
Mild	*माइल्ड*	कोमल
Child	*चाइल्ड*	बच्चा
Kite	*काइट*	पतंग
Lime	*लाइम*	नींबू
Pile	*पाइल*	ढेर
Wild	*वाइल्ड*	जंगली

(c) I = आई

Birth	बर्थ	जन्म
Firm	फर्म	संस्था
First	फर्स्ट	पहला
Dirt	डर्ट	मिट्टी
Bird	बर्ड	पक्षी
Girl	गर्ल	लड़की
Gird	गर्ड	बाँधना

(d) I = आय

Fire	फायर	आग
Admire	एडमायर	प्रशंसा करना
Sire	सायर	महाशय
Hire	हायर	किराए पर लेना
Direct	डायरेक्ट	सीधा
Dire	डायर	भयानक
Wire	वायर	तार
Tire	टायर	थकना

(e) ei, ie = ई

Receive	रिसीव	लेना
Deceive	डिसीव	धोखा करना
Sieve	सीव	छलनी
Siege	सीज	घेरा
Tie	टाइ	बाँधना
Shield	शील्ड	ढाल
Diet	डाइट	खुराक
Field	फील्ड	खेत
Grieve	ग्रीव	शोक करना
Friend	फ्रैण्ड	मित्र
Lie	लाइ	झूठ

(4) O के उच्चारण के नियम

O के प्रमुख ये उच्चारण होते हैं–अ, आ, ओ, उ, ऊ

(a) O = अ (ह्रास्व उच्चारण)

Son	सन	पुत्र
Come	कम	आना

Done	डन	किया हुआ
Some	सम	कुछ
None	नन	कोई नहीं

(b) O = ऑ

Ox	ऑक्स	बैल
Box	बॉक्स	सन्दूक
Hot	हॉट	गर्म
Dot	डॉट	बिन्दु
God	गॉड	ईश्वर
Dog	डॉग	कुत्ता
Conduct	कॉण्डक्ट	आचरण
Doctor	डॉक्टर	डाक्टर
Form	फॉर्म	आकृति
Hog	हॉग	सूअर
Log	लॉग	लकड़ी का लट्ठा

(c) O = ओ

Old	ओल्ड	पुराना
Gold	गोल्ड	सोना
Post	पोस्ट	डाक
Ghost	घोस्ट	प्रेत
Bold	बोल्ड	साहसी
Cold	कोल्ड	ठण्डा
Fold	फोल्ड	तह
Rotate	रोटेट	घुमाना
Port	पोर्ट	बन्दरगाह

(d) Ow = ओ, आउ

Row	रो	पंक्ति
Bow	बो	झुकना
Show	शो	दिखाना
Grow	ग्रो	उगना
How	हाउ	कैसे
Cow	काउ	गाय
Now	नाउ	अब

(e) O = उ, ऊ

Look	लुक	देखना
Cook	कुक	पकाना
Good	गुड	अच्छा
Book	बुक	पुस्तक
Moon	मून	चाँद
Boot	बूट	जूता
Room	रूम	कमरा
Broom	ब्रूम	झाडू

(f) Oy = वॉया

Boy	बॉय	लड़का
Toy	टॉय	खिलौना
Joy	जॉय	प्रसन्नता
Foyer	फॉयर	सिनेमा या होटल में विशाल छतदार स्थान
Hoyden	हॉयडन	जोशीली लड़की
Coy	कॉय	शर्मीला

(g) Ou = ऑव

Hour	ओवर	घण्टा
Sour	सॉवर	खट्टा

(5) U के उच्चारण के नियम

U के प्रमुख उच्चारण होते हैं-अ, उ, यू, यो।

(a) U = अ

Cup	कप	प्याला
Tub	टब	नांद
Hut	हट	झोंपड़ी
Sun	सन	सूर्य
Mud	मड	कीचड़
Curd	कर्ड	दही
Bus	बस	बस
Mug	मग	जलपात्र
But	बट	लेकिन
Bulk	बल्क	भार
Fun	फन	मजाक
Fur	फर	पशुओं के घने बाल
Up	अप	ऊपर
Nut	नट	पेंच, अखरोट

(b) U = उ

Put	पुट	रखना
Push	पुश	दबाना, धकेलना
Pull	पुल	खींचना
Hurrah	हुर्रा	हर्षनाद
Bull	बुल	बैल
Bush	बुश	झाड़ी
Full	फुल	भरा हुआ
Jubilee	जुबिली	महोत्सव

(c) U = यू, यो

Duty	ड्यूटी	कर्त्तव्य
Durable	ड्यूरेबल	टिकाऊ
Cure	क्योर	आराम होना
Pure	प्योर	शुद्ध

(6) Y के उच्चारण के नियम

(Y is used as both as a consonant and a semi vowel)

Y एक व्यंजन है परन्तु कहीं-कहीं यह स्वर का काम करता है, जैसे;

(a) Y = ई

Policy	पॉलिसी	नीति
Icy	आइसी	बर्फीला
Greedy	ग्रीडी	लालची
Hearty	हार्टी	हार्दिक

(b) Y = आय

Tyre	टायर	टायर
Pyre	पायर	चिता
Tyrant	टायरैन्ट	क्रूर
Typhoid	टायफाइड	मियादी बुखार

(c) Y = आई

Dyke	डाइक	खाड़ी
Type	टाइप	प्रकार
Dynasty	डाइनैस्टी	वंश
Tycoon	टाइकून	बड़ा व्यापारी

Pronunciation of Consonants (व्यंजन)

B (ब)	C (स)	D (ड)	F (फ)	G (ज)	H (ह)	J (ज)
K (क)	L (ल)	M (म)	N (न)	P (प)	Q (क)	R (र)
S (स)	T (ट)	V (व)	X (क्स)	Y (य)	Z (ज)	

C के उच्चारण

1. यदि c के आगे e, i, y आदि कोई वर्ण दे रखा हो, तो c का उच्चारण स होता हैं, जैसे;

(a)	Rice	*राइस*	चावल
	Pice	*पाइस*	पैसा
	Niece	*नीस*	भतीजा
	Cease	*सीज*	रुकना
(b)	Citizen	*सिटिजन*	नागरिक
	Cigar	*सिगार*	बीड़ी, सिगरेट
	Circle	*सर्कल*	घेरा
	Cinema	*सिनेमा*	चलचित्र
	City	*सिटी*	शहर
	Civil	*सिविल*	नगर का
	Cistern	*सिस्टर्न*	हौज
	Cinder	*सिन्डर*	अंगारा
(c)	Cyclone	*साइक्लोन*	तूफान
	Icy	*आइसी*	बर्फीला
	Cycle	*साइकिल*	साइकिल
	Cypher	*सिफर*	शून्य

2. यदि C के आगे a, o, u, k, r, l आदि कोई वर्ण दे रखा हो, तो C का उच्चारण क होता है, जैसे;

(a)	Cat	*कैट*	बिल्ली
	Cattle	*कैटल*	पशु
	Cavity	*कैविटि*	छेद
	Catalogue	*कैटेलॉग*	सूची-पत्र
	Cave	*कैव*	गुफा
	Cage	*केज*	पिंजरा
	Car	*कार*	गाड़ी
	Cane	*केन*	छड़ी, बैंत
(b)	Cot	*कॉट*	चारपाई
	Colour	*कलर*	रंग
	Collar	*कॉलर*	कालर
	Cottage	*कॉटेज*	झोंपडी

	Cog	कॉग	दाँता
	Coke	कोक	पत्थर का कोयला
	Coin	कॉइन	सिक्का
	Cobra	कोबरा	फनियर नाग
(c)	Curse	कर्स	कोसना
	Custom	कस्टम	रिवाज
	Cut	कट	काटना
	Curtain	कर्टेन	पर्दा
(d)	Lock	लॉक	ताला
	Duck	डक	बत्तख
	Dock	डॉक	बन्दरगाह
	Rock	रॉक	चट्टान
(e)	Crow	क्रो	कौआ
	Cruel	क्रुअल	क्रूर
	Cradle	क्रेडल	पासना
	Crass	क्रास	अनाड़ी
(f)	Clock	क्लॉक	दीवार घड़ी
	Clatter	क्लैटर	बक-बक करना
	Clerk	क्लर्क	लिपिक
	Clean	क्लीन	स्वच्छ

3. यदि C के आगे IA दे रखा है तो, C का उच्चारण श होता है, जैसे;

Social	सोशल	सामाजिक
Musician	म्यूजिशयन	संगीतकार
Racial	रेश्यल	वंश सम्बन्धी
Facial	फेश्यल	मुख सम्बन्धी

4. यदि C के आगे H दे रखा हो, तो C का प्रायः उच्चारण च, क और श भी होता है, जैसे

(a)	Cheat	चीट	धोख देना
	Chess	चैस	शतरंज
	Cheer	चीयर	ताला चाबी
	Chair	चेयर	कुर्सी
	Bench	बैंच	बैंच
	Reach	रीच	पहुँचना
(b)	Chemist	कैमिस्ट	दवा बेचने वाला
	Character	करैक्टर	चरित्र
	Cholera	कॉलेरा	हैजा
	Chorus	कोरस	गायक समूह

(c)	Chemise	*शिमीज*	शमीज
	Chiffon	*शिफॉन*	बारीक कपड़ा
	Machine	*मशीन*	मशीन
	Chicane	*शिकेन*	छलना

G के उच्चारण

G के उच्चारण हैं ग और ज

G का प्रमुख उच्चारण तो ग है, परन्तु यदि G के आगे E आ जाए तो ज से उच्चारित किया जाता है, जैसे;

(a)	Gun	*गन*	बन्दूक
	Bag	*बैग*	थैला
	Gate	*गेट*	बड़ा दरवाजा
	Pig	*पिग*	सुअर
	Fog	*फौग*	कुहरा
	Gag	*गैग*	मुँह बन्द करना
(b)	Page	*पेज*	पृष्ठ
	General	*जनरल*	साधारण
	Pigeon	*पिजन*	कबूतर
	Germ	*जर्म*	कीटाणु
	Gist	*जिस्ट*	सारांश
	Magistrate	*मजिस्ट्रेट*	जज
	Ginger	*जिन्जर*	अदरक
	Giant	*जाइन्ट*	दानव

S के उच्चारण

S के प्रमुख उच्चारण हैं ज, स, श

1. यदि किसी शब्द के अन्त में be, g, gg, ge, oe, ie, ee, y आदि वर्ण आएँ तो इनके आगे लगे का उच्चारण ज होता है, जैसे;

Tribes	*ट्राइब्ज*	कबीले
Bags	*बैग्ज*	थैले
Eggs	*ऐग्ज*	अण्डे
Ages	*एजिज*	युग
Heroes	*हीरोज*	नायक
Armies	*आर्मीज*	सेनाएँ
Rupees	*रुपीज*	रुपये
Boys	*ब्वाइज*	लड़के
Bribes	*ब्राइब्ज*	रिश्वतें

Scribes	स्क्राइब्ज	पेशेवर पत्र लेखक
Trees	ट्रीज	पेड़
Fees	फीज	शुल्क
Flags	फ्लैग्ज	झण्डे
Rugs	रग्ज	कम्बल
Cages	कैजिज	पिंजरे
Wages	वेजिज	मजदूरी
Mugs	मग्ज	प्याले
Pages	पेजिज	पृष्ठ
Nigroes	नीग्रोज	हब्शी
Mangoes	मैंगोज	आम
Cities	सिटीज	शहर
Potatoes	पोटेटोरेज	आलू

2. यदि किसी शब्द में s यो s के आगे ia, ion आदि वर्ण हों तो s का उच्चारण स होता है, जैसे;

Russia	रशिया	रूस
Passion	पैशन	भावना
Asia	एशिया	एशिया
Admission	एडमिशन	प्रवेश

3. यदि किसी शब्द के अन्त में f, p, pe, te आदि वर्ण दे रखे हों तो s की ध्वनि श होती है, जैसे;

Roofs	रूफ्स	छत
Caps	कैप्स	टोपियाँ
Ropes	रोप्स	रस्से
Kites	काइट्स	पतंगें

T के उच्चारण

(a) T का प्रमुख उच्चारण ट है, परन्तु स्थितिवश इसके उच्चारण हैं श, च, थ, द

Tea	टी	चाय
Teat	टीट	थन
Cat	कैट	बिल्ली
Dirty	डर्टी	गन्दा
Team	टीम	खिलाड़ियों का दल
Try	ट्राइ	कोशिश करना
Treat	ट्रीट	बर्ताव करना
Tear	टीयर	फाड़ना
Task	टास्क	कार्य
Bat	बैट	बल्ला

(b) यदि किसी शब्द में T के बाद ia, ie, io आदि वर्ण दे रखे हों तो T की ध्वनि श हो जाती है, जैसे;

Initials	*इनिशियल्ज*	हस्ताक्षर
Partial	*पार्शल*	पक्षपाती
Patient	*पेशन्ट*	रोगी
Ratio	*रेशो*	अनुपात
Portion	*पोर्शन*	भाग
Promotion	*प्रमोशन*	पदोन्नति
Attention	*एटेन्शन*	ध्यान
Station	*स्टेशन*	स्टेशन

(c) यदि किसी शब्द में S के आगे tion आए या T के आगे ure आए तो T का उच्चारण च होता है, जैसे;

Question	*क्वेस्चन*	प्रश्न
Culture	*कल्चर*	सभ्यता
Nature	*नेचर*	प्रकृति
Picture	*पिक्चर*	तस्वीर

(d) यदि शब्द में T के बाद H आए तो इसकी ध्वनि द, थ होती है, जैसे;

This	*दिस*	यह
Thick	*थिक*	घना, मोटा
That	*दैट*	वह
Thin	*थिन*	पतला
There	*देअर*	वहाँ
Thread	*थ्रेड*	धागा
Then	*देन*	तब
Three	*थ्री*	तीन
These	*दीज*	ये
Theme	*थीम*	प्रसंग

परन्तु कभी-कभी Th ट की ध्वनि देता है, जैसे

Thames	*टेम्स*	टेम्स नदी
Thomes	*टामस*	व्यक्ति का नाम

Silent Letters in Words (अनुच्चारित अक्षर)

अंग्रेजी भाषा में कुछ वर्ण मूक (silent) होते हैं परन्तु अंग्रेजी एक विदेशी भाषा होने के कारण ये एक समस्या बन जाते हैं।

यहाँ उनमें से कुछ शब्दों को प्रस्तुत किया गया है। आप अध्ययन और अभ्यास के द्वारा ऐसे शब्दों पर Mastery प्राप्त कर सकते हैं।

When 'B' is Silent :

M के बाद तथा t से पूर्व का b प्राय: silent रहता है, जैसे;

Bomb	*बॉम*	बम
Tomb	*टॉम*	समाधि
Comb	*कॉम*	कन्धा
Lamb	*लैम*	मेमना
Dumb	*डम*	गूँगा
Debt	*डैट*	ऋण
Thumb	*थम*	अँगूठा
Doubt	*डाउट*	सन्देह

P silent
M silent

n तथा s से पूर्व आया p silent रहता है, m के पश्चात् n silent रहता है।

Pneumonia	*न्यूमोनिया*	निमोनिया
Autumn	*ऑटम*	पतझड़
Neumatics	*न्यूमैटिक्स*	वायुशास्त्र
Column	*कॉलम*	पृष्ठ
Paslm	*साम*	भजन
Condemn	*कन्डम*	निन्दा करना
Psychology	*साइकोलोजी*	मनोविज्ञान
Hymn	*हिम*	स्तोत्र

L silent

m, f, k, एवं d से पूर्व silent रहता है, जैसे;

Palm	*पाम*	हथेली
Calm	*काम*	शान्त
Paslm	*साम*	भजन
Balm	*बाम*	मलहम/मरहम
Half	*हाफ*	आधा
Calf	*काफ*	बछड़ा
Talk	*टॉक*	बातें करना
Folk	*फॉक*	जनसमूह
Would	*वुड*	will का past tense
Could	*कुड*	can का past tense

K silent

n से पूर्व आया k silent रहता है

Know	नो	जानना
Knife	नाइफ	चाकू
Knot	नॉट	गाँठ
Knock	नॉक	खटखटाना

G silent

n से पूर्व आया g silent रहता है

Gnat	नैट	मच्छर
Sign	साइन	चिह्न
Resign	रिजाइन	त्यागपत्र देना
Reign	रेन	शासन
Design	डिजाइन	रचना

C silent

Scent	सैन्ट	इत्र
Science	साइन्स	विज्ञान
Scene	सीन	दृश्य

H silent

Hour	आवर	घण्टा
Honour	ऑनर	इज्जत
Heir	एअर	उत्तराधिकारी

U silent

Guard	गार्ड	चौकीदार
Guess	गैस	अनुमान लगाना
Guest	गैस्ट	अतिथि
Churn	चर्न	मथना

W silent

Wrap	रैप	लपेटना
Wrong	रॉन्ग	गलत
Answer	आन्सर	उत्तर
Sword	सोर्ड	तलवार

Gh silent

यदि किसी शब्द के अन्त में gh, ght हो तो gh प्राय: silent रहता है, जैसे;

High	हाई	ऊँचा
Fought	फॉट	लड़ा
Sigh	साई	आहें भरना
Taught	टॉट	पढ़ाया
Thigh	थाई	जाँघ
Fight	फाई	युद्ध
Though	दो	यद्यपि
Bright	ब्राइट	चमकीला
Through	थ्रू	से
Delight	डिलाइट	आनन्द
Bought	बॉट	खरीदा
Slight	स्लाइट	तनिक-सा
Caught	कॉट	पकड़ा
Might	माइट	शक्ति
Brought	ब्रॉट	लाया
Knight	नाइट	योद्धा
Laugh	लॉफ	हँसना
Thought	थॉट	विचार

D silent

यदि g से पूर्व d दे रखा हो तो d प्राय: silent हो जाता है, जैसे;

Edge	ऐज	किनारा
Grudge	ग्रज	ईर्ष्या
Hedge	हैज	झाड़ी
Budget	बजट	लेखा-जोखा
Ledger	लैजर	बहीखाता
Bridge	ब्रिज	पुल

T silent

यदि किसी शब्द के अन्त में ten दे रखा हो तो T प्राय: silent रहता है, जैसे;

Hasten	हेसन	जल्दी करना
Listen	लिसन	ध्यान से सुनना
Often	ऑफन	अवसर, प्राय:
Soften	सॉफन	कोमल होना

नोट Q कभी अकेला नहीं आता। Q + u सदैव क्व की ध्वनि देता है, जैसे;

Quick	*क्विक*	शीघ्र
Quill	*क्विक*	काँटा
Queen	*क्वीन*	रानी
Quilt	*क्विल्ट*	रजाई

How to Write a Name?

दैनिक जीवन में हमें किसी न किसी व्यक्ति का नाम लिखना पड़ता है। यदि आप भी नाम लिखने की यह कला सीखना चाहते हैं, तो निम्नलिखित Equivalents को याद रखें

Equivalents of Hindi Vowels

A-अ	A/Aa-आ	E/I-इ	Ee/Ea/e-ई	U-उ
U/oo-ऊ	Ri/Ree-ऋ	E-ए	Ai-ऐ	O-ओ
Au-औ	Ah-अ:	Ah-अ:		

Equivalents of Hindi Consonants

K-क	Kh-ख	G-ग	Gh-घ	N-ङ
Ch-च	Chh-छ	J-ज	Jh-झ	N-ञ
T-ट	Th-ठ	D-ड	Dh-ढ	N-ण
T-त	Th-थ	D-द	Dh-ध	N-न
P-प	Ph-फ	B-ब	Bh-भ	M-म
Y/Ai-य	R-र	L-ल	V/O-व	Sh-श
Shh-ष	S-स	H-ह	Ksh-क्ष	Tr-त्र
Jn-ज्ञ	Z-ज	Shr-श्र	Pr/Pra-प्र	Ska-स्क
Sm/Sma-स्म				

Examples

उदय	=	उ + द + य	-	Udai
ऊदल	=	ऊ + द + ल	-	Oodal
एकराम	=	ऐ + क + रा + म	-	Ekram
एशबाग	=	ए + श + बा + ग	-	Aishbag
ओमपाल	=	ओ + म + पा + ल	-	Ompal
कमला	=	क + म + ला	-	Kamala
गनेश	=	ग + ने + श	-	Ganesh
कामेश्वर	=	का + मे + श् + व + र	-	Kameshwar
सुनीता	=	सु + नी + ता	-	Sunita/Suneeta
विमला	=	वि + म + ला	-	Vimla